EDRI 南方电网能源发展研究院
LMERC 南方电网澜湄国家能源电力合作研究中心

粤港澳大湾区电力发展报告

（2021年）

南方电网能源发展研究院有限责任公司
南方电网澜湄国家能源电力合作研究中心 编著

中国电力出版社
CHINA ELECTRIC POWER PRESS

图书在版编目（CIP）数据

粤港澳大湾区电力发展报告．2021年/南方电网能源发展研究院有限责任公司，南方电网澜湄国家能源电力合作研究中心编著．—北京：中国电力出版社，2022.1

ISBN 978-7-5198-6417-0

Ⅰ.①粤… Ⅱ.①南… ②南… Ⅲ.①电力工业—工业发展—研究报告—广东、香港、澳门—2021 Ⅳ.①F426.61

中国版本图书馆CIP数据核字（2022）第009717号

出版发行：中国电力出版社
地　　址：北京市东城区北京站西街19号（邮政编码100005）
网　　址：http：//www.cepp.sgcc.com.cn
责任编辑：岳　璐（010-63412339）　邓慧都
责任校对：黄　蓓　常燕昆
装帧设计：张俊霞
责任印制：石　雷

印　　刷：北京瑞禾彩色印刷有限公司
版　　次：2022年1月第一版
印　　次：2022年1月北京第一次印刷
开　　本：787毫米×1092毫米　16开本
印　　张：6.75
字　　数：95千字
印　　数：001—800册
定　　价：48.00元

南网能源院年度报告系列

编 委 会

主　　任 吴宝英

副 主 任 张良栋　胡志广　程其云　龚鹤强　左　浩

成　　员 邹贵林　陈　政　李　三　吴鸿亮　杨再敏
黄　豫　张劲松　吴良峥　陈晓明　陈　岳
才　华

《粤港澳大湾区电力发展报告（2021 年）》

编 写 组

组　　长 黄　豫

副 组 长 梁　宇　林　勇

主 笔 人 刘志文　刘　平　段　瑶

编写人员 覃　芸　张　山　陈华昊　曹　毅　蒙文川
辜炜德　卓　越　陈　洋　杨少瑞　黄　琰
林呈辉

前　言

PREFACE

2019年，中共中央、国务院正式印发《粤港澳大湾区发展规划纲要》，标志着粤港澳大湾区建设迈入新阶段。粤港澳等地相继出台了支持粤港澳大湾区发展的系列政策，南方电网公司发布了服务粤港澳大湾区发展的重点举措，有力地推动了粤港澳大湾区经济社会发展。2020年，粤港澳大湾区地区生产总值（GDP）11.51万亿元，全社会用电量5545亿kWh。

《粤港澳大湾区电力发展报告（2021年）》在分析2020年粤港澳大湾区经济、社会、能源发展现状的基础上，系统梳理了粤港澳大湾区在电力供需、电网规划建设、电力市场、电力技术创新等方面的发展状况，总结了2020年粤港澳大湾区电力发展成效。

《粤港澳大湾区电力发展报告（2021年）》是南方电网能源发展研究院有限责任公司年度系列专题报告之一。编著本报告，旨在为能源电力行业业内人士、关心粤港澳大湾区电力发展的专家、学者和社会人士提供参考。

本报告在编写过程中，得到了南方电网公司战略规划部、市场营销部、计划与财务部等部门的悉心指导，广东电网公司电网规划研究中心参与部分章节的编写，在此表示最诚挚的谢意！

鉴于水平有限，报告难免有疏漏及不足之处，敬请批评指正！

编　者

2021年10月

目录
CONTENTS

第 1 章

粤港澳大湾区经济能源发展现状

1.1 经济社会发展情况

粤港澳大湾区是指由香港特别行政区、澳门特别行政区（以下分别简称“香港”“澳门”）和广东省的广州、深圳、珠海、佛山、中山、东莞、肇庆、江门、惠州九市（以下简称“珠三角九市”[1]）组成的城市群。2020年，粤港澳大湾区面积5.65万km^2，国内生产总值（GDP）11.51万亿元，与俄罗斯和韩国的GDP相当。粤港澳大湾区正向美国纽约湾区、旧金山湾区和日本东京湾区之后第四个世界级湾区迈进。

1.1.1 人口概况

粤港澳大湾区常住人口稳步增长，广州、深圳合计占比超40%。根据广东省第七次全国人口普查数据，粤港澳大湾区2020年常住人口8617.2万人，与2010年相比年均增长3.1%，常住人口总体保持平稳增长态势。

分城市看，2020年，广州、深圳和东莞常住人口均超过1000万人，分别为1867.7万人、1756万人和1046.7万人，占粤港澳大湾区常住人口的比重分别为21.7%、20.4%和12.1%，合计占比54.2%。佛山、香港和惠州常住人口在500万人～1000万人，合计占比26.7%。江门、中山、肇庆、珠海、澳门等5市的常住人口均未超过500万人。从新增人口看，2020年，粤港澳大湾区常住人口比2010年新增2248.8万人，其中，深圳、广州为新增人口最多的城市，十年新增人口均达500万人以上。从年均增速看，2010—2020年，深圳、珠海、广州和中山的人口十年年均增速均超过3%，分别为5.4%、4.6%、3.9%和3.5%；除香港、江门和肇庆人口十年年均增速不足1%以外，其余四市均在2%左右。

2020年粤港澳大湾区各城市总人口数及十年年均增速、2020年粤港澳大湾区各城市常住人口数占比分别如图1-1和图1-2所示。

---

[1] 为便于表述，“珠三角九市”在本报告中也以“珠三角地区”或“珠三角”表示。

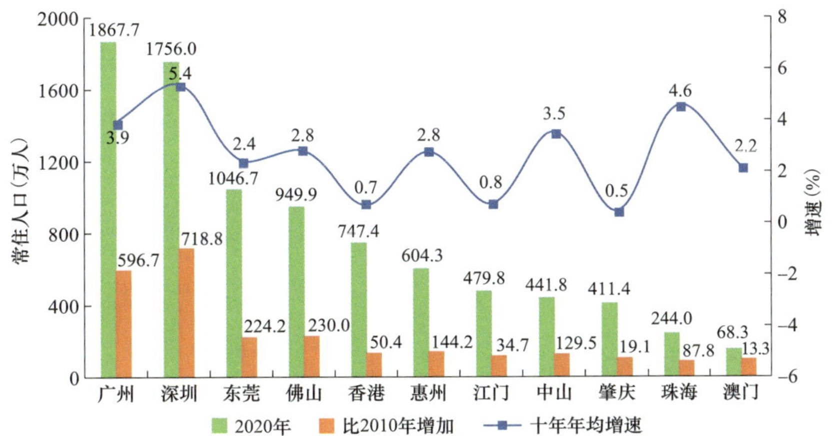

图 1-1　2020 年粤港澳大湾区各城市常住人口总数及十年年均增速

数据来源：珠三角九市统计局；香港政府统计处；澳门统计暨普查局

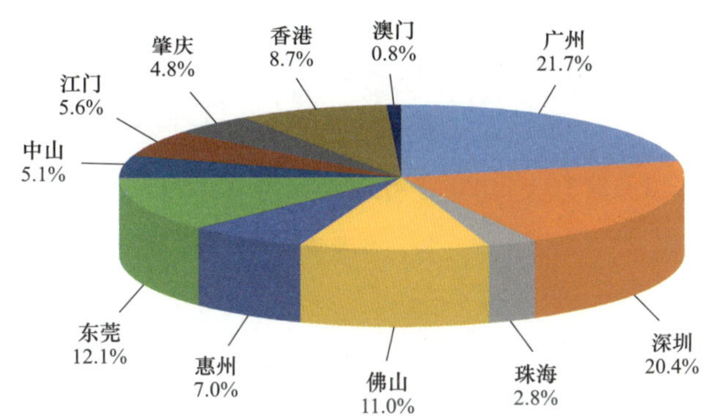

图 1-2　2020 年粤港澳大湾区各城市常住人口数占比

数据来源：珠三角九市统计局；香港政府统计处；澳门统计暨普查局

1.1.2 国内生产总值[1]

(1) 疫情影响下粤港澳大湾区 GDP 负增长。2020 年，粤港澳大湾区 GDP 为 11.51 万亿元，折合 1.67 万亿美元[2]，占全国[3] GDP 的比重为

---

[1] 本节各项 GDP 指标的绝对数采用现价，增速采用不变价。

[2] 按 2020 年平均汇率 1 美元=6.8996 元人民币计算，下同。

[3] 如无特别说明，本报告中“全国”“我国”均指中国内地，不含香港特别行政区、澳门特别行政区和台湾省。

11.3%，实际增长-1.0%。其中，珠三角九市经济仍保持韧性，GDP为8.95万亿元，实际增长2.4%，占粤港澳大湾区GDP的比重为77.8%。2010年以来，粤港澳大湾区GDP增速总体呈放缓趋势，除2020年外每年保持在4%以上较快增长水平。2010—2020年粤港澳大湾区GDP及实际增速如图1-3所示。

图1-3 2010—2020年粤港澳大湾区GDP及实际增速

数据来源：珠三角九市统计局；香港政府统计处；澳门统计暨普查局

（2）粤港澳大湾区核心城市经济引领作用不断增强。以2万亿元和0.5万亿元作为2020年地区国内生产总值分界线，粤港澳大湾区各城市大致可以分为三个梯队。第一梯队包括深圳、广州、香港。深圳GDP为2.77万亿元，居粤港澳大湾区首位，广州、香港GDP分别为2.50万亿元、2.39万亿元，占粤港澳大湾区GDP的比重分别为24%、21.7%、20.8%。第二梯队包括佛山和东莞。两座城市GDP分别为1.08万亿元、0.97万元，占粤港澳大湾区GDP的比重分别为9.4%、8.4%。前两个梯队合计占粤港澳大湾区GDP的84.3%，同比增加0.5个百分点。第三梯队包括珠海、惠州、中山、江门、肇庆、澳门。这6个城市GDP均未超过0.5万亿元，占粤港澳大湾区GDP的比重均在5%以下，合计占比15.7%。

（3）从各城市实际GDP增速看，尽管受新冠疫情影响，2020年珠三角九市仍维持正增长，其中深圳、广州、珠海、东莞、肇庆等4个城市GDP

增速快于全国 GDP 增速（2.3%），其中，深圳增速为 3.1%，居粤港澳大湾区首位；江门、佛山、惠州、中山、东莞 5 个城市增速相对较低，分别为 2.2%、1.6%、1.5%、1.5%、1.1%；新冠疫情对香港、澳门经济发展造成严重冲击，GDP 增速分别为−6.1%、−56.3%。

2020 年粤港澳大湾区各城市 GDP 及实际增速、2020 年粤港澳大湾区各城市 GDP 占比分别如图 1-4 和图 1-5 所示。

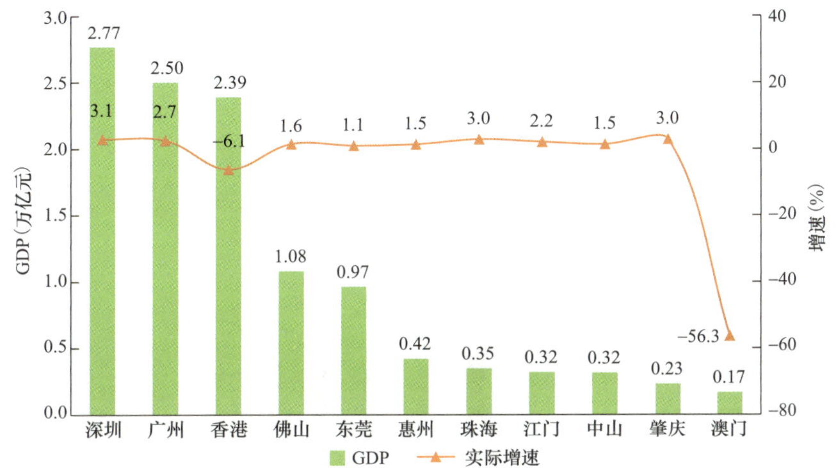

图 1-4　2020 年粤港澳大湾区各城市 GDP 及实际增速

数据来源：珠三角九市统计局；香港政府统计处；澳门统计暨普查局

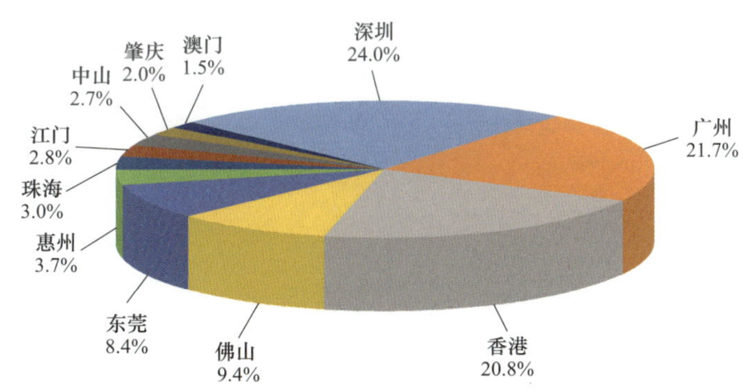

图 1-5　2020 年粤港澳大湾区各城市 GDP 占比

数据来源：珠三角九市统计局；香港政府统计处；澳门统计暨普查局

（4）粤港澳大湾区人均 GDP 稳步增长，珠三角九市人均 GDP 与港澳差距明显。2020 年，粤港澳大湾区人均 GDP 为 13.36 万元，折合美元为 1.94 万美元。2010—2020 年粤港澳大湾区人均 GDP 年均增速为 2.8%，其中珠三角九市为4.5%。分地区看，2020年，香港、澳门人均GDP分别为32.0万元/人、24.6万元/人，领跑粤港澳大湾区。珠三角九市人均GDP差异较大，2020年，深圳、珠海、广州人均GDP分别为15.8万元/人、14.3万元/人、13.4万元/人；中山、惠州、江门和肇庆人均GDP最低，分别为7.1万元/人、7万元/人、6.7万元/人、5.6万元/人，低于全国平均水平。从各城市增速看，2010—2020年，肇庆、江门和惠州人均GDP年均增速超5%，分别为7.1%、6.8%和5.8%；其余城市年均增速低于5%。2020年粤港澳大湾区各城市人均GDP及十年年均增速如图1-6所示。

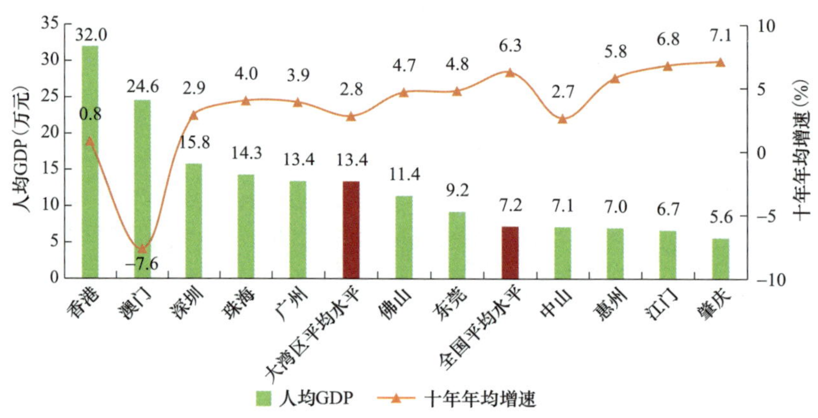

图1-6　2020年粤港澳大湾区各城市人均GDP及十年年均增速

数据来源：珠三角九市统计局；香港政府统计处；澳门统计暨普查局

1.1.3　固定资产投资

（1）粤港澳大湾区固定资产投资快速增长。2020年，粤港澳大湾区固定资产投资3.71万亿元[1]，同比增长5.1%，增速同比减少3.8个百分点。其中，珠三角九市固定资产投资3.31万亿元，同比增长7.3%，占粤港澳大湾区固定资产投资的比重为89.1%。2010—2020年，除2018年（6.8%）和2020年（5.1%）增速较慢外，其余年份粤港澳大湾区固定资产投资保持

[1] 本报告依据2020年公布增速测算得到。香港、澳门用本地固定资本形成总额代替。

在 8%以上较高增长水平。粤港澳大湾区各城市固定资产投资、2010—2020 年粤港澳大湾区固定资产投资及同比增速分别如表 1-1 和图 1-7 所示。

表 1-1　粤港澳大湾区各城市固定资产投资　单位：万亿元

区域	2010 年	2017 年	2018 年	2019 年	2020 年	2020 年实际增速（%）
广州	0.33	0.59	0.59	0.69	0.76	10.0
深圳	0.19	0.51	0.62	0.74	0.80	8.2
珠海	0.05	0.17	0.19	0.20	0.22	13.1
佛山	0.17	0.43	0.45	0.47	0.48	0.8
惠州	0.09	0.22	0.23	0.27	0.24	−8.2
东莞	0.11	0.17	0.18	0.21	0.24	13.0
中山	0.07	0.12	0.13	0.11	0.13	21.5
江门	0.06	0.18	0.19	0.21	0.22	6.9
肇庆	0.06	0.15	0.16	0.18	0.20	12.1
香港	0.29	0.43	0.44	0.40	0.36	−9.7
澳门	0.02	0.06	0.05	0.05	0.04	−13.2
珠三角九市	1.14	2.55	2.75	3.08	3.31	—
增速	16.2	14.1	8.1	11.9	7.3	—
占大湾区比重	78.4	83.9	85.0	87.3	89.1	—
粤港澳大湾区	1.45	3.03	3.24	3.53	3.71	—
增速	10.7	13.4	6.8	8.9	5.1	—

数据来源：珠三角九市统计局；香港政府统计处；澳门统计暨普查局

图 1-7　2010—2020 年粤港澳大湾区固定资产投资及同比增速

数据来源：珠三角九市统计局；香港政府统计处；澳门统计暨普查局

（2）从各城市固定资产投资看，2020 年，深圳、广州、佛山、香港 4 市固定资产投资位居粤港澳大湾区前四位，分别为 0.8 万亿元、0.76 万亿元、0.48 万亿元、0.36 万亿元，同比分别增长 8.2%、10%、0.8%、−10.6%，合计占粤港澳大湾区投资的比重为 64.7%。惠州、东莞、江门等其余 7 市固定资产投资规模较小，均未超过 0.25 万亿元。从增速看，2020 年，除澳门（−13.9%）、香港（−10.6%）固定资产投资负增长外，其余各城市投资增速均保持正增长，其中中山、惠州、东莞同比分别增长 21.5%、16%、13%，居粤港澳大湾区前三位。2020 年粤港澳大湾区各城市固定资产投资及增速如图 1-8 所示。

图 1-8　2020 年粤港澳大湾区各城市固定资产投资及增速

数据来源：珠三角九市统计局；香港政府统计处；澳门统计暨普查局

1.1.4　消费

（1）粤港澳大湾区消费前九年保持增长，疫情冲击下 2020 年为十年首次负增长。2020 年，粤港澳大湾区社会消费品零售总额 3.48 万亿元[1]，同比增长−8.4%。其中，珠三角九市社会消费品零售总额 3.12 万亿元，同比增长−6.1%，占粤港澳大湾区消费的比重为 89.7%。2010—2020 年，粤港澳大湾区社会消费品零售总额增速下降趋势明显，从 2010 年的

[1] 广州统计局暂未公布社会消费品零售总额，本报告根据增速由 2019 年值测算得到。由于统计口径差异，本报告中香港、澳门社会消费品零售额分别用零售业总销货、零售业销售额代替。

16.5%下降到 2019 年的 8%，且 2020 年出现负增长。2010—2020 年粤港澳大湾区各城市社会消费品零售总额、2010—2020 年粤港澳大湾区社会消费品零售总额及增速分别如表 1-2 和图 1-9 所示。

表 1-2　2010—2020 年粤港澳大湾区各城市社会消费品零售总额

单位：万亿元

区域	2010 年	2017 年	2018 年	2019 年	2020 年	2020 年实际增速（%）
广州	0.38	0.82	0.88	0.96	0.92	-3.5
深圳	0.36	0.78	0.85	0.91	0.87	-5.2
珠海	0.04	0.09	0.09	0.10	0.09	-7.5
佛山	0.15	0.32	0.34	0.37	0.33	-10.8
惠州	0.07	0.16	0.18	0.19	0.17	-9.3
东莞	0.15	0.33	0.36	0.40	0.37	-6.6
中山	0.07	0.15	0.16	0.16	0.14	-13.0
江门	0.05	0.10	0.11	0.12	0.12	-3.7
肇庆	0.04	0.09	0.10	0.11	0.11	-4.1
香港	0.28	0.39	0.41	0.38	0.30	-20.1
澳门	0.07	0.09	0.1	0.1	0.07	-28.8
珠三角九市	1.31	2.83	3.08	3.32	3.12	-6.1
占大湾区比重	78.7	85.5	85.8	87.5	89.7	—
粤港澳大湾区	1.66	3.31	3.59	3.8	3.48	-8.4

数据来源：珠三角九市统计局；香港政府统计处；澳门统计暨普查局

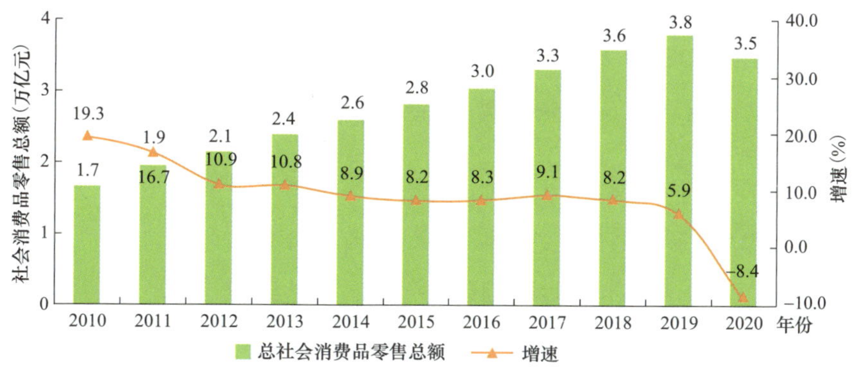

图 1-9　2010—2020 年粤港澳大湾区社会消费品零售总额及增速

数据来源：珠三角九市统计局；香港政府统计处；澳门统计暨普查局

（2）从各城市社会消费品零售总额看，广州、深圳消费需求强劲。2020年，广州、深圳社会消费品零售总额分别为0.92万亿元、0.87万亿元，居粤港澳大湾区前两位，合计占粤港澳大湾区社会消费品零售总额的比重为51.4%，同比提高2.2个百分点。东莞、佛山、香港社会消费品零售总额均超0.3万亿元，分别为0.37万亿元、0.33万亿元、0.3万亿元，合计占粤港澳大湾区社会消费品零售总额的比重为28.7%。惠州、中山等其余6市的社会消费品零售总额规模较小，均未超过0.2万亿元。

（3）从同比增速看，新冠疫情对大湾区各城市消费冲击严重。从2020年增速看，在新冠疫情影响下，粤港澳大湾区各城市消费均出现负增长，香港和澳门受影响最为严重，同比下降均超20%。

2020年粤港澳大湾区各城市社会消费品零售总额及增速、粤港澳大湾区各城市社会消费品零售总额占比分别如图1-10和图1-11所示。

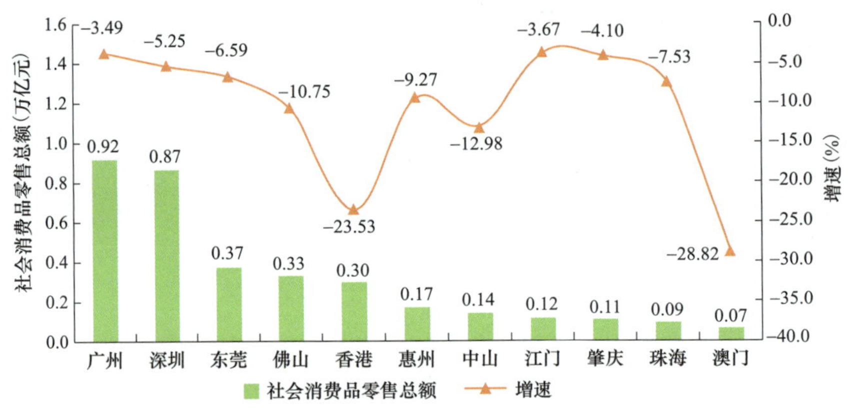

图1-10　2020年粤港澳大湾区各城市社会消费品零售总额及增速

数据来源：珠三角九市统计局；香港政府统计处；澳门统计暨普查局

1.1.5　对外贸易

（1）粤港澳大湾区进出口贸易稳步增加，近年较为平稳。2020年，粤港澳大湾区进出口总额14.14万亿元，同比下降1.2%，增速同比回落0.3个百分点；其中，出口额7.63亿元，同比下降0.1%。2020年，珠三角九

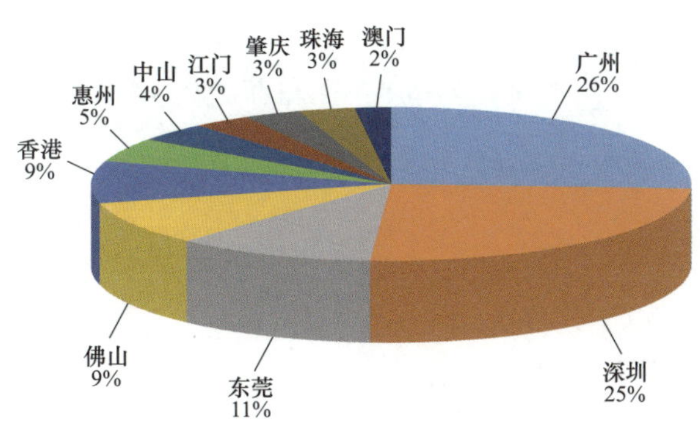

图 1-11 2020 年粤港澳大湾区各城市社会消费品零售总额占比

数据来源：珠三角九市统计局；香港政府统计处；澳门统计暨普查局

市进出口总额 6.76 万亿元，同比下降 0.9%，占粤港澳大湾区进出口额的比重为 47.8%；出口额 4.13 万亿元，同比增长 0.5%，占粤港澳大湾区出口的比重为 54.1%。受国际经济环境影响，粤港澳大湾区进出口增速波动较大，2010—2015 年连续 5 年下降，2015 年增速降至-2.9%；2016、2017 年有所回升；2018 年以来受中美贸易摩擦、全球经济增长放缓等因素影响，粤港澳大湾区进出口增速逐步回落，进出口贸易总额较为平稳，维持在 14 万亿元左右。2010—2020 年粤港澳大湾区各城市进出口情况、2010—2020 年粤港澳大湾区进出口总额及增速和 2010—2020 年粤港澳大湾区出口总额及增速分别如表 1-3、图 1-12 和图 1-13 所示。

表 1-3　2010—2020 年粤港澳大湾区各城市进出口情况　单位：万亿元

区域		2010 年	2017 年	2018 年	2019 年	2020 年	2020 年实际增速（%）	2020 年占大湾区比重
广州	进出口	0.7	0.97	0.98	1	0.95	-0.1	6.7
	出口	0.33	0.58	0.56	0.53	0.54	1.9	7.1
深圳	进出口	2.35	2.8	3	2.98	3.05	2.4	21.6
	出口	1.38	1.65	1.63	1.67	1.7	1.5	22.3
珠海	进出口	0.29	0.3	0.32	0.29	0.27	-6.1	1.9
	出口	0.14	0.19	0.19	0.17	0.16	-2.8	2.1
佛山	进出口	0.35	0.44	0.46	0.48	0.51	4.8	3.6
	出口	0.22	0.32	0.35	0.37	0.41	10.8	5.4

续表

区域		2010年	2017年	2018年	2019年	2020年	2020年实际增速（%）	2020年占大湾区比重
惠州	进出口	0.23	0.34	0.33	0.27	0.25	-8.1	1.8
	出口	0.14	0.22	0.22	0.18	0.17	-7.3	2.2
东莞	进出口	0.82	1.23	1.34	1.38	1.33	-3.8	9.4
	出口	0.47	0.7	0.8	0.86	0.83	-4.4	10.9
中山	进出口	0.21	0.26	0.23	0.24	0.22	-7.4	1.6
	出口	0.15	0.2	0.18	0.19	0.18	-5.9	2.4
江门	进出口	0.1	0.14	0.15	0.14	0.14	0.2	1.0
	出口	0.07	0.11	0.11	0.11	0.11	-0.9	1.4
肇庆	进出口	0.03	0.04	0.04	0.04	0.04	2.1	0.3
	出口	0.02	0.02	0.02	0.03	0.03	10.3	0.4
香港	进出口	5.57	7.13	7.5	7.4	7.29	-2.5	51.6
	出口	2.64	3.36	3.51	3.51	3.49	-1.5	45.7
澳门	进出口	0.04	0.07	0.08	0.09	0.09	0.4	0.6
	出口	0.005	0.009	0.01	0.01	0.01	-15.5	0.1
珠三角九市	进出口	5.08	6.51	6.86	6.82	6.76	—	47.8
	出口	2.92	4	4.06	4.11	4.13	—	54.1
增速	进出口	27.3	8.1	5.4	-0.5	-0.9	—	—
	出口	25.2	6.9	1.6	1.3	0.5	—	—
粤港澳大湾区	进出口	10.7	13.71	14.44	14.31	14.14	—	—
	出口	5.57	7.36	7.58	7.64	7.63	—	—
增速	进出口	24.7	8.9	5.3	-0.9	-1.2	—	—
	出口	23.3	8	3	0.7	-0.1	—	—

数据来源：珠三角九市统计局；香港政府统计处；澳门统计暨普查局

（2）粤港澳大湾区各城市进出口分化明显，香港外贸核心地位突出。2020年，香港进出口总额7.29万亿元，占粤港澳大湾区进出口的比重高达51.6%，居粤港澳大湾区首位，全球贸易自由港的地位突出，其中，出口额3.49万亿元。深圳进出口总额3.05万亿元，占粤港澳大湾区进出口的比重为21.6%，居粤港澳大湾区第二位，其中，出口额1.7万亿元。东莞、广州进出口总额分别为1.33万亿元、0.95万亿元，居

图 1－12　2010—2020 年粤港澳大湾区进出口总额及增速

数据来源：珠三角九市统计局；香港政府统计处；澳门统计暨普查局

图 1－13　2010—2020 年粤港澳大湾区出口总额及增速

数据来源：珠三角九市统计局；香港政府统计处；澳门统计暨普查局

粤港澳大湾区三、四位。深圳、东莞、广州进出口占粤港澳大湾区进出口的比重为 37.7％。佛山、珠海等其余 7 市进出口规模相对较小，均在 0.5 万亿元及以下，合计占粤港澳大湾区进出口总额的比重为 10.7％。粤港澳大湾区各城市出口情况与进出口情况类似，香港、深圳、东莞、广州出口规模居粤港澳大湾区前四位，合计占粤港澳大湾区出口的比重为 86％。

2020 年粤港澳大湾区各城市进出口总额及增速、2020 年粤港澳大湾区各城市出口总额及增速分别如图 1－14 和图 1－15 所示。

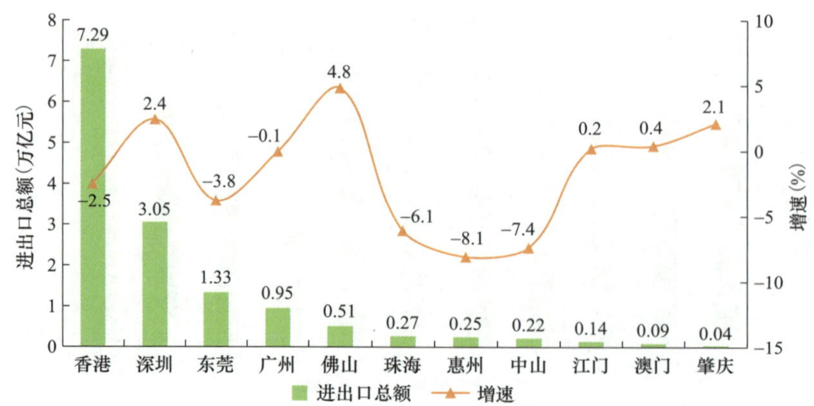

图 1-14　2020 年粤港澳大湾区各城市进出口总额及增速

数据来源：珠三角九市统计局；香港政府统计处；澳门统计暨普查局

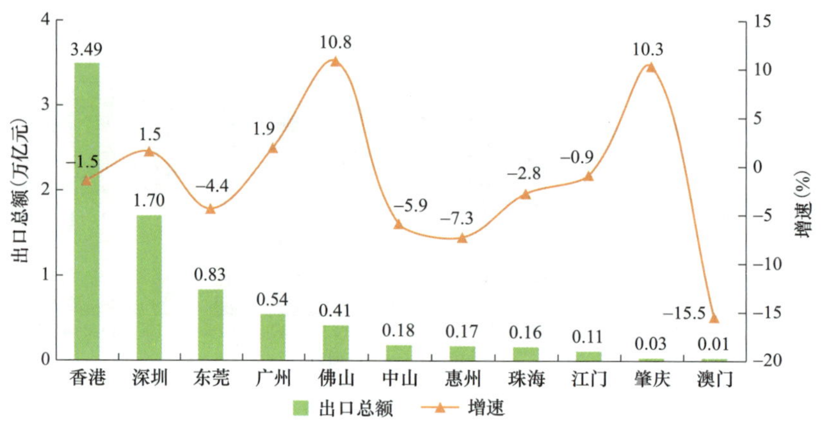

图 1-15　2020 年粤港澳大湾区各城市出口总额及增速

数据来源：珠三角九市统计局；香港政府统计处；澳门统计暨普查局

（3）粤港澳大湾区外向型经济特征明显，香港、东莞、深圳外贸依存度高。2020 年，粤港澳大湾区对外贸易依存度[1]为 122.8%，比 2010 年的 193.1%下降了 70.3 个百分点。分城市看，2020 年，香港对外贸易依存度高达 271.2%，居粤港澳大湾区首位；东莞、深圳对外贸易依存度均超过

[1] 外贸依存度是反映一个地区的对外贸易活动对该地区经济发展的影响和依赖程度的经济分析指标。该比例是判断一个国家对外开放程度的重要指标。一般用对外贸易额进出口总值在国民生产总值中所占比重表示，即贸易依存度=对外贸易总额/国民生产总值。

100%，分别为 137.8%、110.2%。除肇庆（17.3%）外，其余 9 市的对外依存度均高于全国平均水平。2010—2020 年粤港澳大湾区对外贸易依存度、2020 年粤港澳大湾区各城市对外贸易依存度分别如表 1-4 和图 1-16 所示。

表 1-4　　2010—2020 年粤港澳大湾区对外贸易依存度　　单位：%

年份	粤港澳大湾区	粤港澳大湾区（香港除外）	香港
2010	193.1	128.2	313.6
2011	185.8	123.0	304.5
2012	178.5	118.8	293.6
2013	171.8	116.0	284.8
2014	160.0	104.7	276.5
2015	145.2	93.9	256.4
2016	136.1	85.4	261.0
2017	135.2	84.1	268.1
2018	133.7	82.4	264.5
2019	123.4	76.0	260.1
2020	122.8	75.1	271.2
平均值	153.2	98.9	277.7

数据来源：珠三角九市统计局；香港政府统计处；澳门统计暨普查局

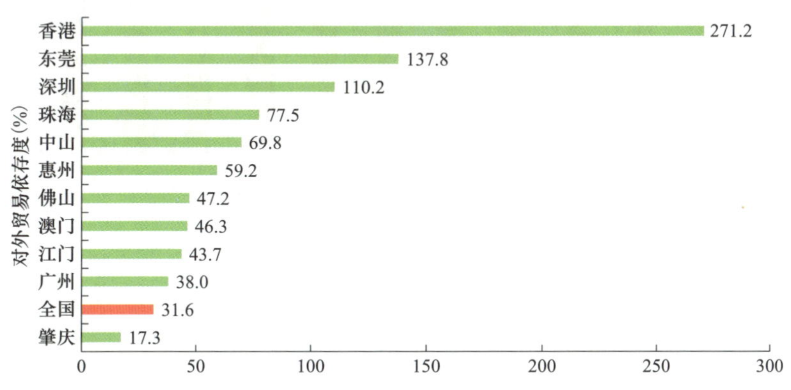

图 1-16　2020 年粤港澳大湾区各城市对外贸易依存度

数据来源：珠三角九市统计局；香港政府统计处；澳门统计暨普查局

1.2 产业及重点领域发展现状

1.2.1 产业结构

（1）粤港澳大湾区产业结构趋于稳定，珠三角地区产业结构持续优化，第三产业占比逐年增加。从粤港澳大湾区来看，2010—2020 年，第三产业占比稳定在 65%左右，2020 年为 66.1%，较 2010 年增长 1.4 个百分点。2010—2020 年，珠三角九市第三产业占 GDP 比重稳步提升，从 2010 的 49.1%增加至 2020 年的 58.3%；第二产业占 GDP 比重逐年下降，从 2010 的 48.8%下降至 2020 年的 40%。总体来看，服务业已成为支撑珠三角九市经济发展的第一大产业，对拉动珠三角九市乃至粤港澳大湾区经济增长发挥重要作用。2010—2020 年珠三角九市及粤港澳大湾区产业结构分别如图 1-17 和图 1-18 所示。

图 1-17 2010—2020 年珠三角九市产业结构

（2）粤港澳大湾区各城市产业结构差异大。2020 年，香港、澳门第三产业占 GDP 比重分别为 93.7%、95.7%，远高于珠三角九市，是典型服务型经济城市的代表。2020 年，广州、深圳第三产业占比均超过 60%，分别为 72.5%、62.1%，仅次于澳门、香港，服务型经济发展已具有一定规模；

珠海第三产业占比为 54.9%；佛山、惠州等其余 6 个城市第三产业占比均在 50%以下，仍处在以工业经济为主要拉动力的发展阶段，第三产业发展的空间较大。2020 年粤港澳大湾区各城市产业结构如图 1-19 所示。

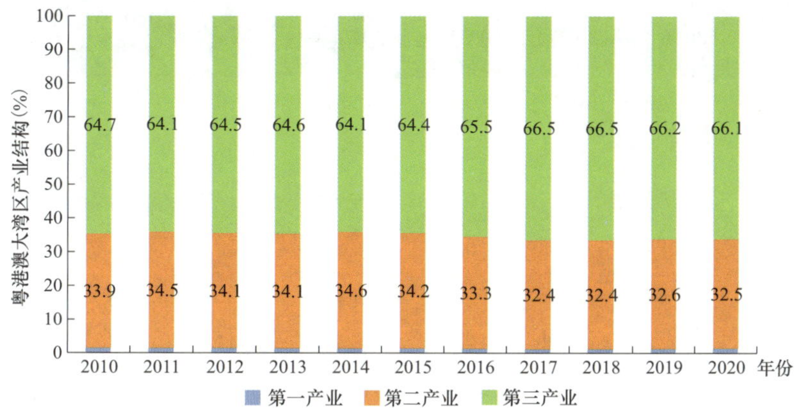

图 1-18　2010—2020 年粤港澳大湾区产业结构

数据来源：珠三角九市统计局；香港政府统计处；澳门统计暨普查局

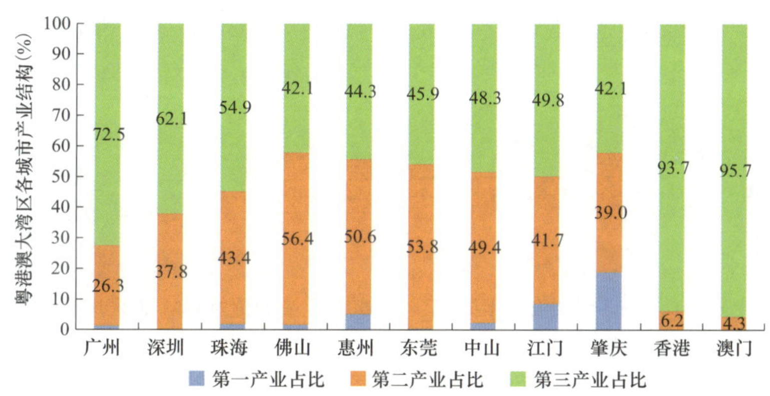

图 1-19　2020 年粤港澳大湾区各城市产业结构

数据来源：珠三角九市统计局；香港政府统计处；澳门统计暨普查局

1.2.2　工业

（1）粤港澳大湾区工业生产稳中向好。2020 年，粤港澳大湾区工业增加值 3.3 万亿元，同比增长 1.1%，增速同比减少 5.7 个百分点。其中，珠三角九市工业增加值 3.24 万亿元，同比增长 1.2%，占粤港澳大湾区工业增加值的比重为 98.3%。粤港澳大湾区各城市工业增加值及增速、2010—

2020年粤港澳大湾区工业增加值及增速分别如表1-5和图1-20所示。

表1-5　粤港澳大湾区各城市工业增加值及增速（2019年可比价）

单位：万亿元

区域	2010年	2017年	2018年	2019年	2020年	2020年实际增速（%）	2020年占比（%）
广州	0.26	0.52	0.55	0.57	0.59	2.6	17.8
深圳	0.41	0.84	0.92	0.96	0.97	1.5	29.5
珠海	0.05	0.11	0.13	0.13	0.13	1.2	4.0
佛山	0.24	0.51	0.54	0.58	0.58	0.9	17.6
惠州	0.07	0.18	0.20	0.20	0.20	1.1	6.1
东莞	0.18	0.36	0.39	0.42	0.41	-1.1	12.6
中山	0.07	0.15	0.15	0.14	0.14	0.5	4.4
江门	0.05	0.11	0.12	0.12	0.12	2.3	3.7
肇庆	0.02	0.07	0.08	0.08	0.08	2.7	2.5
香港	0.06	0.06	0.06	0.06	0.06	-9.5	1.7
澳门	0.00	0.01	0.01	0.01	0.01	0.0	0.2
珠三角九市	1.35	2.85	3.05	3.20	3.24	—	98.3
增速	15.8	7.3	7.0	4.9	1.2	—	—
粤港澳大湾区	1.41	2.91	3.11	3.26	3.30	—	—
增速	15.1	7.2	6.8	4.9	1.1	—	—

注　上表中2020年为初步统计值，因东莞未公布工业增加值规模，故采用规模以上工业增加值作为本市工业增加值；2020年，珠海、惠州、东莞、江门仅公布规模以上工业增加同比增速，故采用该值推算2020年工业增加值总额；鉴于统计口径的差别，香港的工业生产统计包括制造和电力、燃气和自来水供应及废弃物管理两大行业；由于官方尚未公布2020年澳门工业增加值，且考虑澳门工业增加值占粤港澳大湾区比重较小，故本报告暂取2019年澳门工业增加值作为替代。

数据来源：珠三角九市统计局；香港政府统计处；澳门统计暨普查局

（2）粤港澳大湾区工业集聚发展特征明显，主要集中在深圳、广州、佛山、东莞等地。作为粤港澳大湾区工业发展核心城市，深圳、佛山、广州、东莞4市工业增加值占粤港澳大湾区工业增加值的比重为77.5%，工业发展集聚特征突出。2020年，深圳工业增加值为0.97万亿元，居大湾区首位，同比增长1.5%；广州、佛山和东莞工业增加值相当，分别为0.59亿元、

0.58 亿元、0.41 亿元。惠州、中山、珠海、江门、肇庆其余 5 市工业增加值均未超过 0.2 万亿元。香港和澳门主要发展第三产业，工业发展相较于珠三角九市具有较大差距。2020 年粤港澳大湾区各城市工业增加值及增速、2020 年粤港澳大湾区各城市工业增加值占比分别如图 1-21 和图 1-22 所示。

图 1-20　2010—2020 年粤港澳大湾区工业增加值及增速

数据来源：珠三角九市统计局；香港政府统计处；澳门统计暨普查局

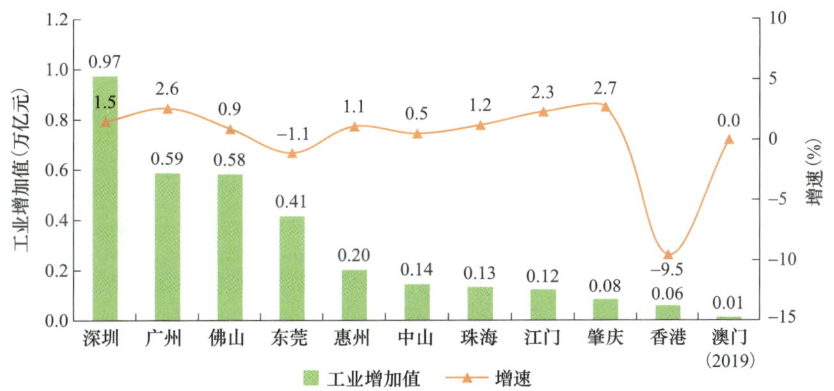

图 1-21　2020 年粤港澳大湾区各城市工业增加值及增速

数据来源：珠三角九市统计局；香港政府统计处；澳门统计暨普查局

（3）珠三角九市先进制造业[1]保持稳步发展。2015 年以来，珠三角九市先进制造业稳步增长，2019 年较 2015 年先进制造业占 GDP 比重上升近 5

[1] 根据广东省印发实施的《广东省先进制造业发展“十三五”规划（2016—2020 年）》中的产业发展重点方向，“十三五”期间广东先进制造业重点发展 6 大产业，分别是高端电子信息制造业、先进装备制造业、石油化工产业、先进轻纺制造业、新材料制造业、生物医药及高性能医疗器械产业。

个百分点，达到19.9%。2020年，珠三角九市规模以上先进制造业增加值[1]为1.68万亿元，同比下降2.8%[2]，占珠三角九市规模以上工业增加值和GDP的比重分别为59.2%、18.9%。2015—2020年珠三角九市规模以上先进制造业增加值占GDP比重如图1-23所示。

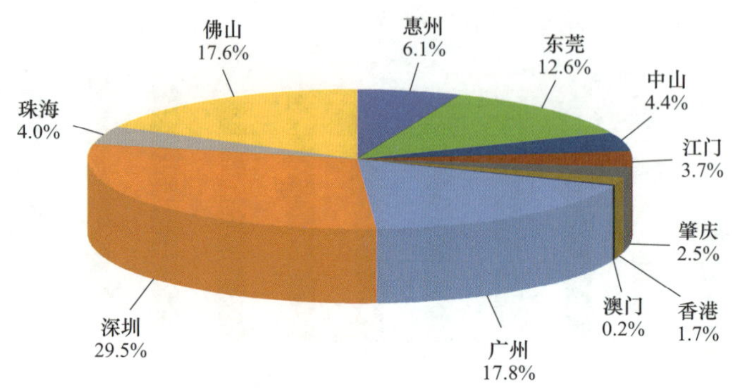

图1-22　2020年粤港澳大湾区各城市工业增加值占比

数据来源：珠三角九市统计局；香港政府统计处；澳门统计暨普查局

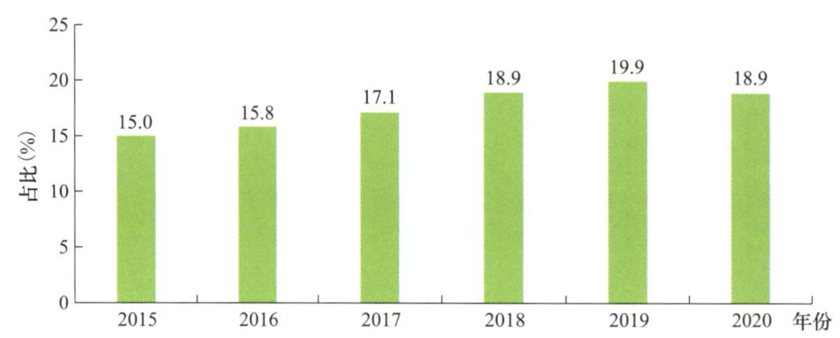

图1-23　2015—2020年珠三角九市规模以上先进制造业增加值占GDP比重

数据来源：珠三角九市统计局

（4）深圳先进制造业体量大、占比高，在粤港澳大湾区中引领作用突出。2020年，深圳规模以上先进制造业增加值6576.5万元，同比增长3.9%，占珠三角九市规模以上先进制造业增加值的比重为39.1%，居大湾

[1] 由于香港、澳门制造业规模小且暂未获取相关数据，本部分仅报告珠三角九市先进制造业发展情况。各地市公布相关数据不完整，本报告根据已公布增速及占比测算得到。

[2] 各地每年会根据规模以上工业企业统计标准对参与计算的企业个数进行调整，因此实际上增加值总量计算因企业个数差异而导致不可比，本文侧重于反映相关变化趋势。

区首位。广州、佛山、东莞、惠州等 4 市规模以上先进制造业增加值分别为 2646 亿元、2500.7 亿元、2108.9 亿元、1073.7 亿元，合计占比 49.5%，是发展先进制造业的重要城市。珠海、中山、江门、肇庆先进制造业增加值均在 1000 亿元以下，合计占比 11.4%。2020 年珠三角九市各市规模以上先进制造业增加值及增速如图 1-24 所示。

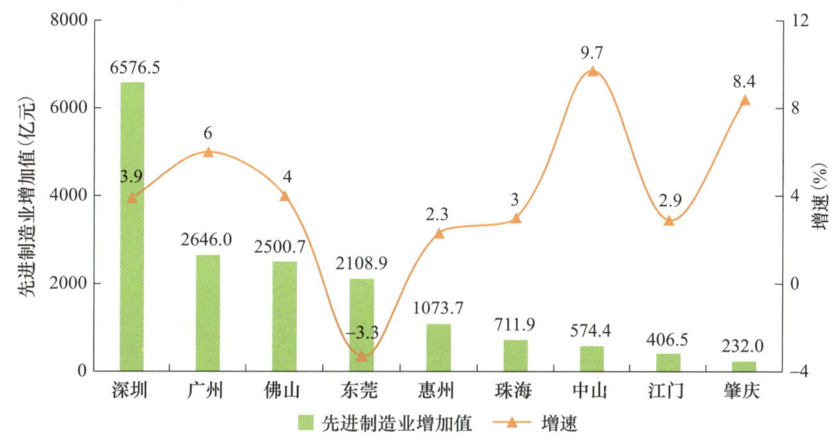

图 1-24　2020 年珠三角九市各市规模以上先进制造业增加值及增速

数据来源：珠三角九市统计局

1.2.3　服务业

（1）粤港澳大湾区服务业平稳增长。2020 年，粤港澳大湾区服务业增加值为 7.66 万亿元，同比名义增长 3%，增速同比回落 1.7 个百分点。其中，珠三角九市服务业增加值 5.21 万亿元，同比名义增长 5.5%，占粤港澳大湾区服务业的比重为 68%，同比提高 1.4 个百分点，珠三角九市服务业在粤港澳大湾区服务业中的地位日益突出。从增速看，粤港澳大湾区服务业增加值仍保持较快增长，2010—2018 年，除 2014 年（6.9%）和 2015 年（7.8%）外，增速均在 9%以上，近三年增速下降明显，2018、2019 年和 2020 年分别为 6.7%、4.7%、3%。粤港澳大湾区各城市服务业增加值如表 1-6 所示。

表 1-6　　粤港澳大湾区各城市服务业增加值　　单位：万亿元

区域	2010年	2017年	2018年	2019年	2020年	2020年实际增速（%）	2020年占比（%）
广州	0.66	1.53	1.64	1.69	1.81	2.3	23.6
深圳	0.20	0.38	0.42	0.45	1.72	3.9	22.5
珠海	0.53	1.32	1.42	1.64	0.19	4.1	2.5
佛山	0.05	0.13	0.14	0.18	0.46	2.0	6.0
惠州	0.07	0.16	0.18	0.15	0.19	1.2	2.4
东莞	0.21	0.39	0.42	0.41	0.44	3.5	5.8
中山	0.06	0.16	0.18	0.18	0.15	1.1	2.0
江门	0.06	0.12	0.13	0.15	0.16	1.9	2.1
肇庆	0.04	0.10	0.11	0.09	0.09	2.6	1.2
香港	1.41	2.04	2.12	2.12	2.13	0.3	27.8
澳门	0.18	0.32	0.35	0.36	0.32	-10	4.2
珠三角九市	1.88	4.30	4.64	4.96	5.21	—	68
增速	16.5	12.5	7.9	6.9	5.5	—	—
粤港澳大湾区	3.5	6.66	7.11	7.44	7.66	—	—
增速	14.1	10.8	6.7	4.7	3.0	—	—

注　2020年澳门服务业增加值为估计值。

数据来源：珠三角九市统计局；香港政府统计处；澳门统计暨普查局

（2）粤港澳大湾区服务业发展主要集中在香港、广州、深圳。2020年，香港、广州、深圳服务业增加值分别为2.13万亿元、1.81亿元、1.72亿元，同比分别增长0.3%、增长2.3%、增长3.9%，占粤港澳大湾区服务业增加值的比重分别为27.8%、23.6%、22.5%，合计73.9%，同比提高0.4个百分点。佛山、珠海等其余8个城市的服务业增加值均未超过0.5万亿元，与香港、广州、深圳相比差距明显，合计占比26.1%。从增速看，珠海、深圳和东莞增速最快，分别为4.1%、3.9%和3.5%，其余各城市的服务业增加值增速均低于3%。2020年粤港澳大湾区各城市服务业增加值及增速如图1-25所示。

2020年粤港澳大湾区各城市服务业增加值占比如图1-26所示。

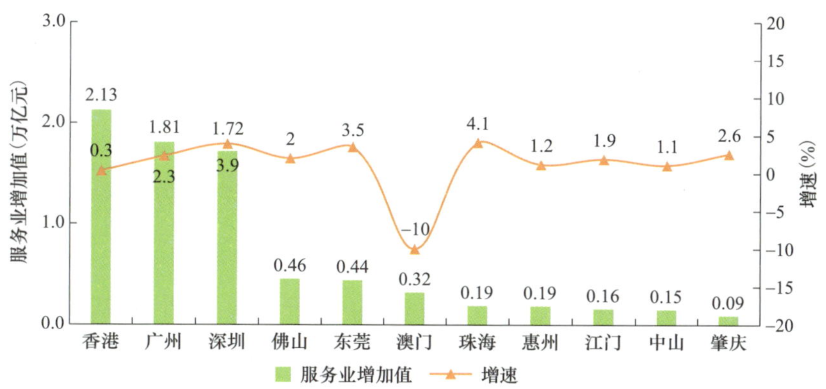

图 1-25　2020 年粤港澳大湾区各城市服务业增加值及增速

数据来源：珠三角九市统计局；香港政府统计处；澳门统计暨普查局

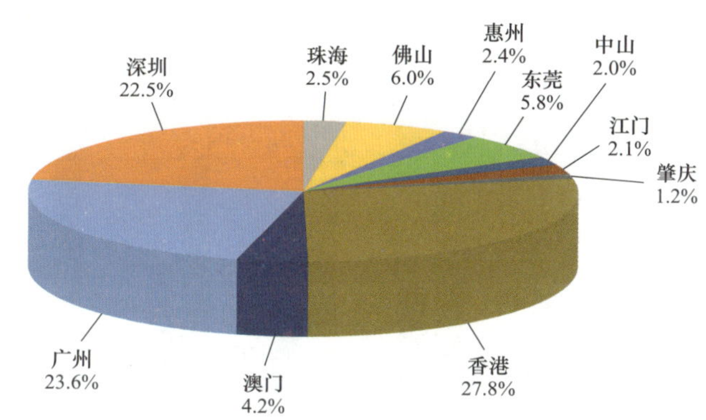

图 1-26　2020 年粤港澳大湾区各城市服务业增加值占比

数据来源：珠三角九市统计局；香港政府统计处

（3）粤港澳大湾区现代服务业发展持续向好。2020 年，粤港澳大湾区现代服务业增加值[1] 6.31 万亿元，同比名义增长 9.1%，占粤港澳大湾区 GDP 的比重为 54.8%。其中，珠三角九市现代服务业增加值 3.54 亿元，同比名义增长 6.9%，占粤港澳大湾区现代服务业的比重为 59.1%，占珠三角九市 GDP 的比重为 39.5%，具有较大发展潜力和发展空间。

[1] 根据广东省统计局现代产业体系划分标准，把现代服务业定义为现代物流业、信息服务、计算机服务和软件业、金融业、房地产业、租赁和商务服务业、科学研究/技术服务和地质勘查业、水利/环境与公共设施管理业、教育、卫生/社会保障和社会福利业、文化/体育和娱乐业。香港服务业以现代服务业为主，本报告将香港服务业增加值视为现代服务业增加值。

（4）香港、广州、深圳现代服务业产值居粤港澳大湾区前三位。2020年，香港、深圳、广州现代服务业增加值分别为2.13万亿元、1.31万亿元、1.18万亿元，同比分别增长-0.5%、6.4%、2.5%，合计占粤港澳大湾区现代服务业比重为77.1%，同比增加0.3个百分点。其余8市现代服务业规模与香港、广州、深圳差距明显，合计占比22.9%。从增速看，除香港、广州、佛山、中山、澳门增速均低于5%以外，其余各市现代服务增速均在5.0%以上，2020年粤港澳大湾区现代服务业总体保持平稳发展。2015—2020年粤港澳大湾区现代服务业增加值及名义增速、2020年粤港澳大湾区各城市现代服务业增加值及增速分别如图1-27和图1-28所示。

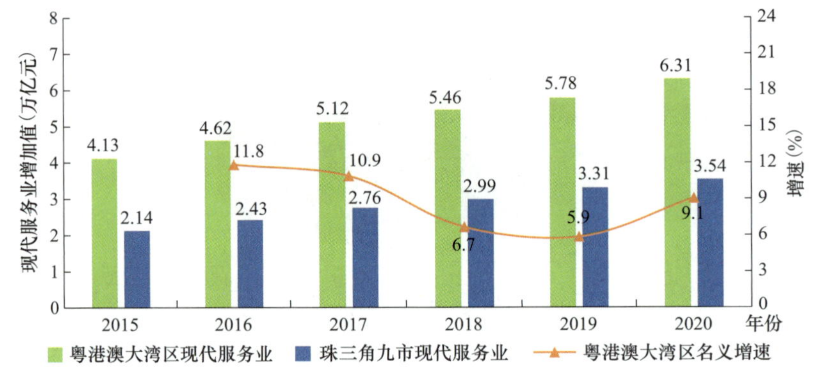

图1-27　2015—2020年粤港澳大湾区现代服务业增加值及名义增速

数据来源：珠三角九市统计局；香港政府统计处

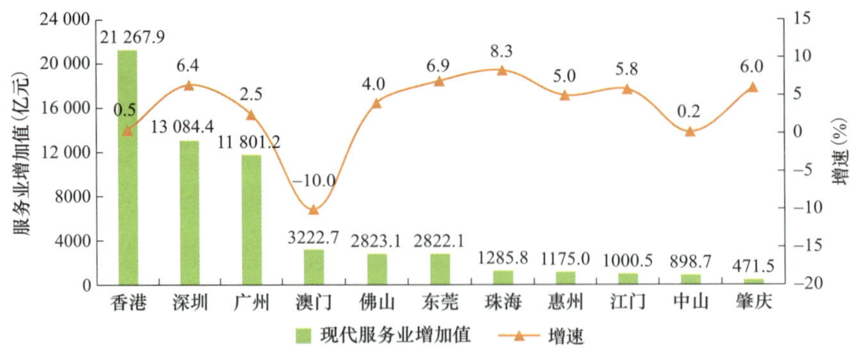

图1-28　2020年粤港澳大湾区各城市现代服务业增加值及增速

数据来源：珠三角九市统计局；香港政府统计处

1.3　能源消费现状

1.3.1　综合能源消费情况

（1）粤港澳大湾区综合能源消费保持稳定增长，能源消费活动主要集中在珠三角九市。2020 年，粤港澳大湾区综合能源消费总量为 2.64 亿 t 标准煤，同比减少 0.2%，增速同比回落 3 个百分点。其中，珠三角九市综合能源消费总量 2.44 亿 t 标准煤，同比增长 0.7%，占粤港澳大湾区综合能源消费总量的比重为 92.7%。从增速看，粤港澳大湾区综合能源消费总量增速呈持续下降趋势，除了 2010 年增速超 10%以外，其余年份增速均不高于 5%，尤其受新冠肺炎疫情影响，2020 年增速跌至－0.2%。粤港澳大湾区各城市综合能源消费总量和 2010—2020 年粤港澳大湾区综合能源消费总量及增速分别如表 1－7 和图 1－29 所示。

表 1－7　　粤港澳大湾区各城市综合能源消费总量　　单位：亿 t 标准煤

区域	2010 年	2017 年	2018 年	2019 年	2020 年	2020 年占比（%）
广州	0.48	0.60	0.61	0.63	0.63	24.0
深圳	0.33	0.43	0.44	0.45	0.46	17.4
珠海	0.06	0.08	0.09	0.09	0.10	3.7
佛山	0.25	0.30	0.30	0.30	0.30	11.4
惠州	0.14	0.22	0.26	0.28	0.28	10.6
东莞	0.23	0.30	0.30	0.31	0.31	11.7
中山	0.08	0.12	0.12	0.12	0.12	4.5
江门	0.11	0.12	0.13	0.13	0.13	4.9
肇庆	0.05	0.10	0.10	0.12	0.12	4.5
香港	0.19	0.20	0.20	0.20	0.18	6.9
澳门	0.01	0.01	0.01	0.01	0.01	0.4
珠三角九市	1.73	2.27	2.36	2.43	2.44	92.7
增速	11.3	4.0	3.8	3.0	0.7	—

续表

区域	2010 年	2017 年	2018 年	2019 年	2020 年	2020 年占比（%）
粤港澳大湾区	1.93	2.49	2.57	2.64	2.64	—
增速	10.1	3.7	3.4	2.8	－0.2	—

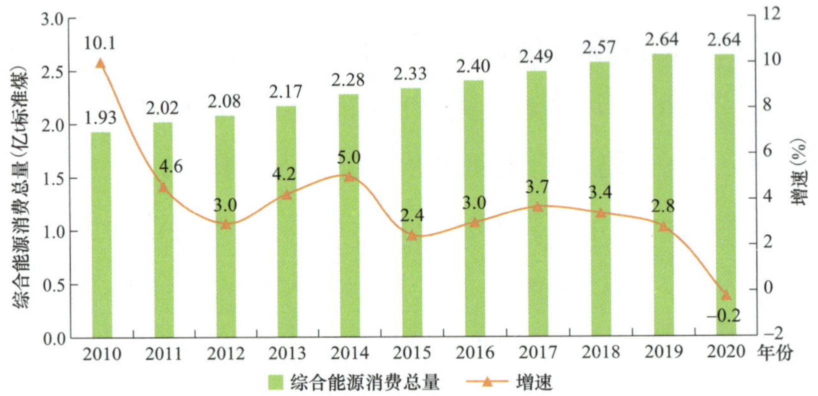

图 1-29　2010—2020 年粤港澳大湾区综合能源消费总量及增速

数据来源：珠三角九市统计局；香港政府统计处；澳门统计暨普查局

（2）粤港澳大湾区综合能源消费结构持续向清洁化和低碳化迈进。2010 年，粤港澳大湾区综合能源消费结构以化石能源为主，其中煤炭、石油和天然气分别占综合能源消费总量的 39.5%、35.1%和 5.7%，合计占 80.3%，电力[1]及其他非化石能源仅占 19.7%。2020 年，粤港澳大湾区煤炭和石油消费占比均下降至 30.6%，天然气消费比重提升至 12.6%，电力及其他非化石能源增加至 26.3%，能源消费持续清洁化。2010 年和 2020 年粤港澳大湾区综合能源消费结构如图 1-30 所示。

（3）粤港澳大湾区综合能源消费主要集中在广州、深圳。2020 年，广州、深圳综合能源消费总量分别为 0.63 亿 t 标准煤、0.46 亿 t 标准煤，占粤港澳大湾区综合能源消费总量的比重分别为 24%、17.4%，合计 41.4%。东莞、佛山、惠州的综合能源消费总量分别为 0.31 亿 t 标准煤、0.3 亿 t 标准煤、0.28 亿 t 标准煤，其余 6 个城市综合能源消费总量均低于 0.2 亿 t 标

[1] 含一次电力和进口电力。

准煤。从增速看，珠海和肇庆增速最快，分别为 4.7%和 2.5%，其余各城市的综合能源消费总量增速均低于 2%。2020 年粤港澳大湾区各城市综合能源消费总量及增速如图 1-31 所示。

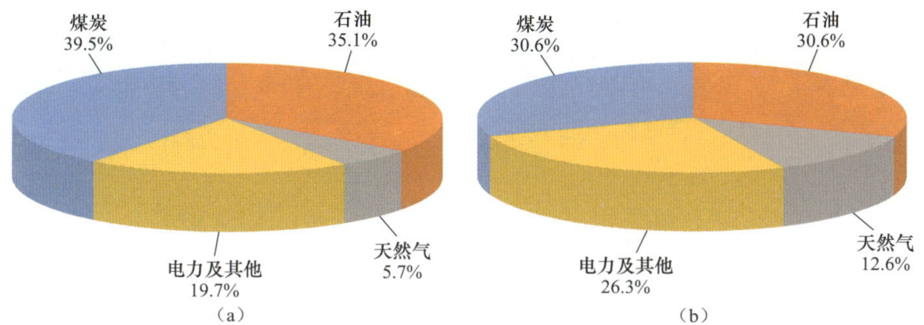

图 1-30　2010 年和 2020 年粤港澳大湾区综合能源消费结构

(a) 2010 年；(a) 2020 年

数据来源：珠三角九市统计局；香港政府统计处；澳门统计暨普查局

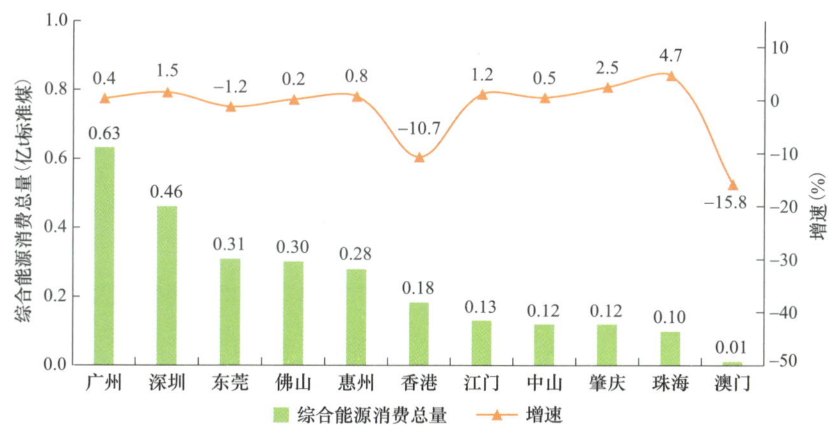

图 1-31　2020 年粤港澳大湾区各城市综合能源消费总量及增速

数据来源：珠三角九市统计局；香港政府统计处；澳门统计暨普查局

1.3.2　终端能源消费情况

(1) 粤港澳大湾区终端能源消费渐趋稳定。2020 年，粤港澳大湾区终端能源消费总量为 2.04 亿 t 标准煤，同比增加 1.1%，增速同比回落 2.3 个百分点。其中，珠三角九市终端能源消费总量 1.91 亿 t 标准煤，同比增加

1.4%，占粤港澳大湾区终端能源消费总量的比重为94%。粤港澳大湾区各城市终端能源消费总量、2010—2020年粤港澳大湾区终端能源消费总量及增速分别如表1-8和图1-32所示。

表1-8　　粤港澳大湾区各城市终端能源消费总量　　单位：亿t标准煤

区域	2010年	2017年	2018年	2019年	2020年	2020年占比（%）
广州	0.32	0.42	0.43	0.44	0.44	21.7
深圳	0.32	0.42	0.43	0.44	0.45	22.2
珠海	0.06	0.08	0.09	0.09	0.09	4.6
佛山	0.09	0.10	0.09	0.09	0.09	4.4
惠州	0.15	0.22	0.24	0.26	0.27	13.4
东莞	0.17	0.26	0.26	0.27	0.27	13.2
中山	0.05	0.09	0.09	0.09	0.09	4.7
江门	0.06	0.10	0.10	0.10	0.10	5.1
肇庆	0.04	0.08	0.08	0.09	0.09	4.6
香港	0.10	0.12	0.11	0.12	0.11	5.5
澳门	0.01	0.01	0.01	0.01	0.01	0.5
珠三角九市	1.27	1.76	1.82	1.89	1.91	94.0
增速	9.3	3.7	3.5	3.5	1.4	—
粤港澳大湾区	1.38	1.89	1.95	2.01	2.04	—
增速	8.9	3.6	3.2	3.4	1.1	—

图1-32　2010—2020年粤港澳大湾区终端能源消费总量及增速

(2) 粤港澳大湾区终端能源消费结构仍以化石能源为主。2010 年，粤港澳大湾区终端合能源消费结构中，煤炭、石油和天然气分别占综合能源消费总量的 17.4%、37.6%和 6.2%，合计占比 61.2%，电力和其他非化石能源分别为 29.9%和 8.9%。2020 年粤港澳大湾区终端能源消费结构中，煤炭消费比重下降至 14.8%，石油下降至 30.9%，天然气提升至 12.7%，化石能源合计 58.4%，电力和其他非化石能源消费比重分别提升至 31.2%和 10.4%。2010 年和 2020 年粤港澳大湾区终端能源消费结构如图 1-33 所示。

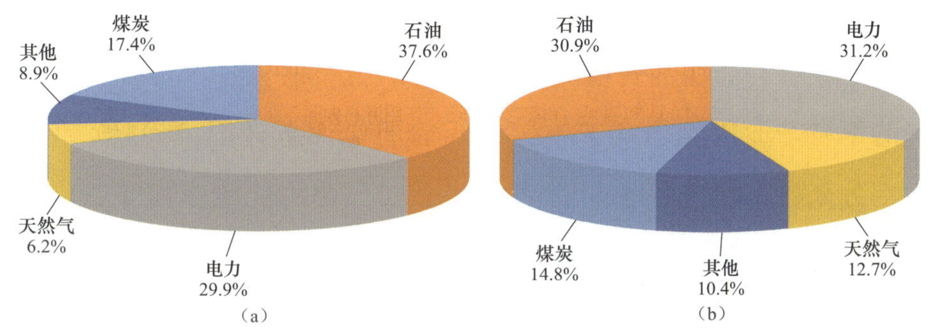

图 1-33　2010 年和 2020 年粤港澳大湾区终端能源消费结构

(a) 2010 年；(b) 2020 年

(3) 粤港澳大湾区终端能源消费主要集中在深圳、广州、佛山、惠州、东莞。2020 年，深圳、广州、佛山、惠州、东莞终端能源消费总量位居粤港澳大湾区前列，分别为 0.45 亿 t 标准煤、0.44 亿 t 标准煤、0.29 亿 t 标准煤、0.27 亿 t 标准煤和 0.27 亿 t 标准煤，合计占粤港澳大湾区终端能源消费总量的比重 77.2%，其余城市均在 0.1 亿 t 标准煤以下。从增速看，惠州和珠海增速最快，分别为 5.7%和 4.7%，澳门终端能源消费总量同比下降 11.2%。2020 年粤港澳大湾区各城市终端能源消费总量及增速如图 1-34 所示。

1.3.3　分行业能源消费情况

粤港澳大湾区各城市分产业用能差异化特征明显。根据 2020 年粤港澳

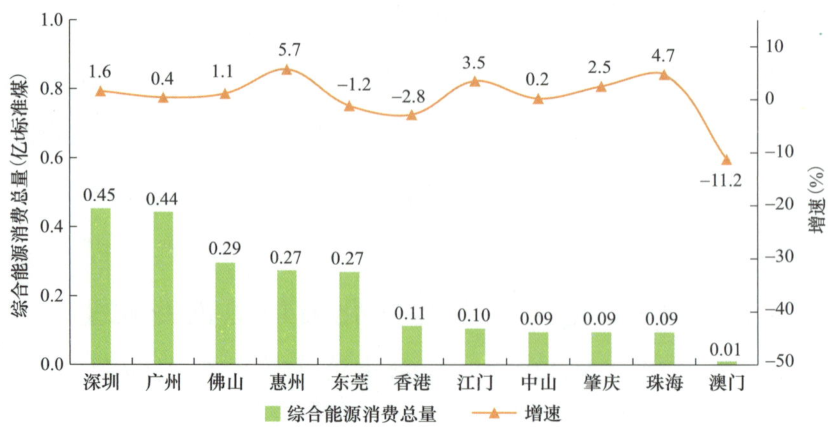

图 1-34　2020 年粤港澳大湾区各城市终端能源消费总量及增速

大湾区分产业综合能源消费情况统计，广州、深圳、澳门等典型的服务业发达城市的第三产业用能均高于 40%。尽管香港服务业同样发达，但由于电力较大部分来自本地电厂生产，因此其第二产业用能比重高于 60%。由于其余 7 市以制造业为主导，因此第二产业用能均大于 50%。2020 年粤港澳大湾区各城市分产业综合能源消费总量及消费结构如表 1-9 和图 1-35 所示。

表 1-9　2020 年粤港澳大湾区各城市分产业综合能源消费总量

单位：万 t 标准煤

区域	能源消费总量				占比（%）			
	第一产业	第二产业	第三产业	生活用能	第一产业	第二产业	第三产业	生活用能
广州	37	2456	2801	1024	0.6	38.9	44.3	16.2
深圳	13	1790	1953	845	0.3	38.9	42.5	18.4
珠海	29	582	223	144	3.0	59.5	22.8	14.8
佛山	35	2583	209	179	1.2	85.9	7.0	6.0
惠州	26	1963	352	448	0.9	70.4	12.6	16.1
东莞	5	2285	403	391	0.2	74.1	13.1	12.7
中山	22	646	279	239	1.8	54.5	23.6	20.2
江门	60	928	136	171	4.6	71.7	10.5	13.2
肇庆	36	727	204	216	3.0	61.4	17.3	18.2

续表

区域	能源消费总量				占比（%）			
	第一产业	第二产业	第三产业	生活用能	第一产业	第二产业	第三产业	生活用能
香港	0	1151	589	84	0.0	63.1	32.3	4.6
澳门	0	15	73	19	0.1	13.9	68.4	17.5
珠三角九市	262	13 959	6561	3658	1.1	57.1	26.8	15.0
粤港澳大湾区	262	15 125	7224	3761	1.0	57.4	27.4	14.3

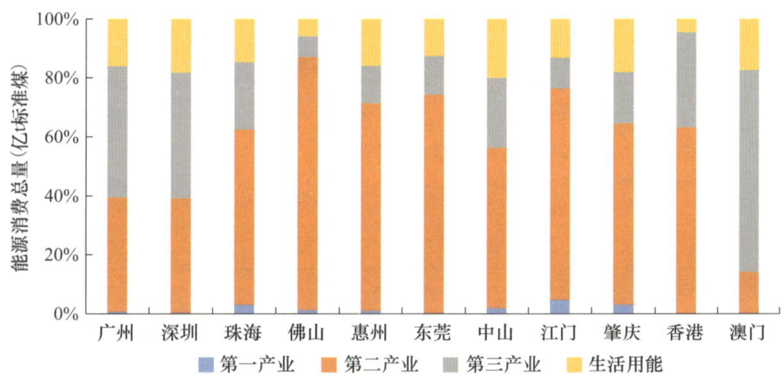

图 1-35　2020 年粤港澳大湾区各城市分产业综合能源消费结构

第 2 章

粤港澳大湾区电力发展状况

2.1　粤港澳大湾区电力需求

2.1.1　各地区电力需求

2.1.1.1　粤港澳大湾区电力需求

(1) 粤港澳大湾区全社会用电量保持增长态势。2020 年，粤港澳大湾区全社会用电量 5545 亿 kWh，同比增长 1.1%，受新冠疫情影响，增速同比降低 3.9 个百分点。其中，珠三角九市用电量同比增长 1.6%，是拉动粤港澳大湾区用电量增长的主要力量。香港用电量同比减少 2.8%，澳门用电量同比减少 6.7%。2010—2020 年，粤港澳大湾区用电量年均增长 4.5%，保持增长态势。2010—2020 年粤港澳大湾区全社会用电量情况如图 2-1 所示。

图 2-1　2010—2020 年粤港澳大湾区全社会用电量情况

数据来源：珠三角九市统计局；香港政府统计处；澳门统计暨普查局

(2) 珠三角全社会用电量占粤港澳大湾区比重呈扩大趋势。2020 年，珠三角、香港、澳门用电量分别占粤港澳大湾区用电量的 90.4%、8.6%、

1.0%。与2010年相比，2020年珠三角九市用电量占比提升了4.4个百分点，香港用电量占比下降了4.3个百分点，澳门用电量占比基本持平。

2010—2020年粤港澳大湾区全社会用电量各区域构成如图2-2所示，2010—2020年粤港澳大湾区各区域全社会用电量情况如表2-1所示。

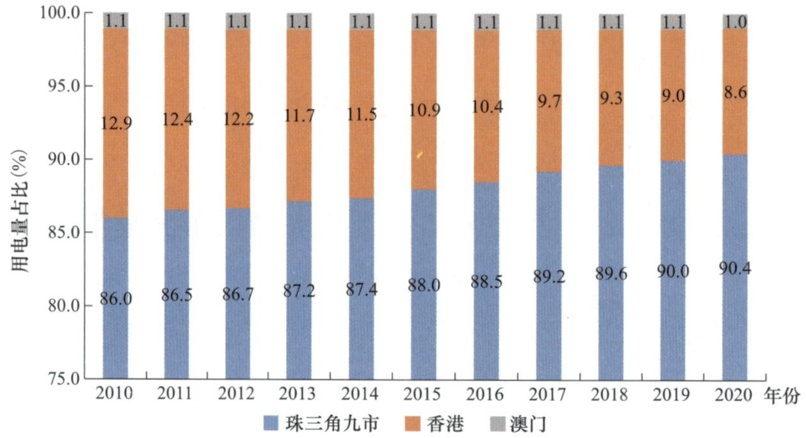

图2-2　2010—2020年粤港澳大湾区全社会用电量各区域构成

数据来源：珠三角九市统计局；香港政府统计处；澳门统计暨普查局

表2-1　2010—2020年粤港澳大湾区各区域全社会用电量情况

单位：亿kWh

项目	区域	2010年	2015年	2018年	2019年	2020年	2010—2020年均增速（%）
全社会用电量	珠三角九市	3075	3920	4680	4933	5013	—
	香港	462	485	485	492	478	—
	澳门	39	50	56	58	54	—
	粤港澳大湾区	3575	4455	5220	5483	5545	—
用电量增速（%）	珠三角九市	—	5.0	6.1	5.4	1.6	5.0
	香港	—	1.0	0.0	1.4	-2.8	0.3
	澳门	—	5.4	3.5	4.3	-6.7	3.4
	粤港澳大湾区	—	4.5	5.4	5.0	1.1	4.5

续表

项目	区域	2010 年	2015 年	2018 年	2019 年	2020 年	2010—2020 年均增速（%）
用电量占比（%）	珠三角九市	86.0	88.0	89.6	90.0	90.4	—
	香港	12.9	10.9	9.3	9.0	8.6	—
	澳门	1.1	1.1	1.1	1.1	1.0	—
	粤港澳大湾区	100.0	100.0	100.0	100.0	100.0	—

注 1. 由于数据采用四舍五入，分项累计可能与总数略有差别。

2. 2015 年用电量增速为 2010—2015 年 5 年平均增速，2018 年用电量增速为 2015—2018 年 3 年平均增速。

数据来源：珠三角九市统计局；香港政府统计处；澳门统计暨普查局

2.1.1.2 珠三角电力需求

（1）2020 年，广州、深圳、东莞和佛山全社会用电量位居珠三角前四位。2020 年，珠三角九市全社会用电量 5013 亿 kWh。其中，广州、深圳、东莞和佛山用电量居前四位，分别为 997 亿、983 亿、874 亿 kWh 和 710 亿 kWh，占珠三角用电量的比重分别为 18.1%、17.9%、15.9%和 12.9%，合计占比 64.7%。

（2）2020 年，惠州、江门、东莞和中山全社会用电量增速位居珠三角前四位。2020 年，珠三角九市全社会用电量同比增长 1.6%。其中，惠州、江门、东莞和中山 4 市用电量增长较快，同比增长分别为 5.2%、4.8%、2.7%和 2.1%。

（3）惠州、珠海、江门和肇庆全社会用电量 2010—2020 年均增速位居珠三角前四位。珠三角全社会用电量从 2010 年的 3075 亿 kWh 增长到 2020 年的 5013 亿 kWh，2010—2020 年年均增长 5.0%。其中，惠州、珠海、江门和肇庆用电量增速较快，2010—2020 年年均增长分别为 7.9%、6.6%、6.5%和 5.7%，均高于珠三角增速。

（4）2010—2020 年惠州用电量占珠三角比重提升最大，深圳用电量占比下降最大。2020 年，惠州、江门、珠海、中山和肇庆全社会用电量占珠三角的比重分别为 8.9%、6.2%、3.9%、6.3%和 3.6%，比 2010 年分别提升了 2.1、0.8、0.5、0.2 和 0.2 个百分点；深圳、佛山、东莞和广州全社会用电量占珠三角的比重分别为19.6%、14.2%、17.4%和19.9%，比2010年分别下降1.7、0.9、0.8和0.5个百分点。

2010—2020年珠三角九市全社会用电量增速和占比分别如图2-3和图2-4所示，2020年珠三角九市全社会用电量及占比如图2-5所示，2010—2020年珠三角九市全社会用电量情况如表2-2所示。

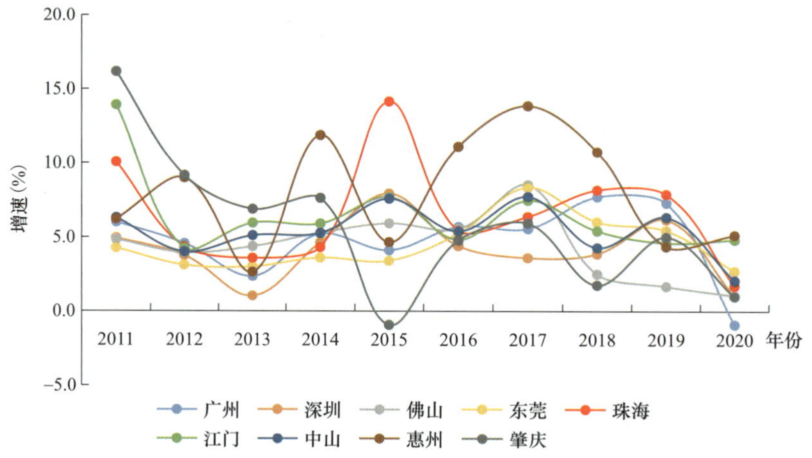

图2-3　2010—2020年珠三角九市全社会用电量增速

数据来源：珠三角九市统计局；香港政府统计处；澳门统计暨普查局

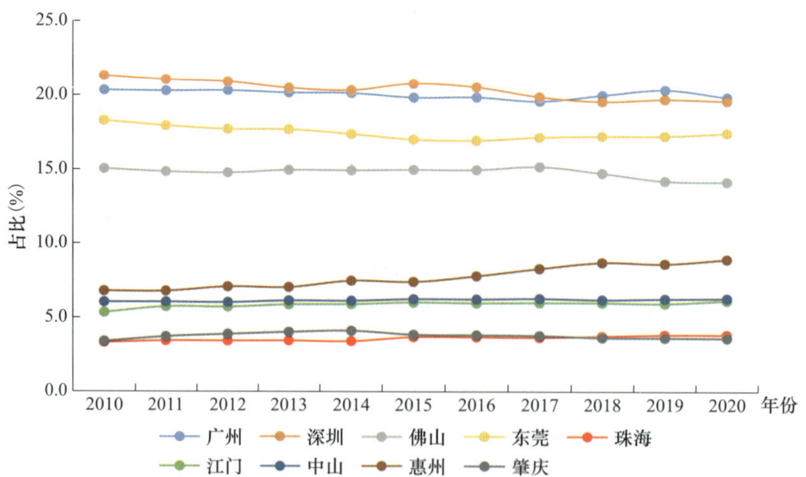

图2-4　2010—2020年珠三角九市全社会用电量占比

数据来源：珠三角九市统计局；香港政府统计处；澳门统计暨普查局

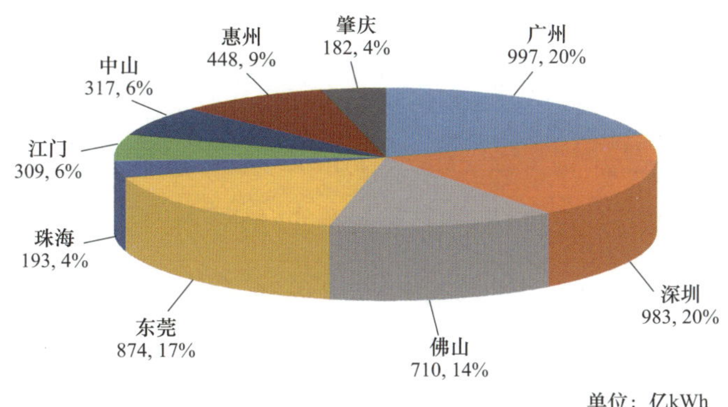

图 2-5　2020 年珠三角九市全社会用电量及占比

数据来源：珠三角九市统计局

表 2-2　2010—2020 年珠三角九市全社会用电量情况　单位：亿 kWh

类别	区域	2010 年	2015 年	2018 年	2019 年	2020 年	2010—2020 年均增速（%）
全社会用电量	广州	626	779	937	1006	997	—
	深圳	656	815	916	973	983	—
	佛山	463	588	691	703	710	—
	东莞	562	667	807	851	874	—
	珠海	102	145	176	190	193	—
	江门	165	237	282	295	309	—
	中山	187	246	291	310	317	—
	惠州	209	291	408	426	448	—
	肇庆	105	152	172	180	182	—
	珠三角九市	3075	3920	4680	4933	5013	—
用电量增速（%）	广州	—	4.5	6.3	7.4	-0.9	4.8
	深圳	—	4.4	4.0	6.2	1.0	4.1
	佛山	—	4.9	5.5	1.7	1.0	4.4
	东莞	—	3.5	6.6	5.5	2.7	4.5
	珠海	—	7.3	6.7	8.0	1.6	6.6
	江门	—	7.5	6.0	4.6	4.7	6.5
	中山	—	5.6	5.8	6.5	2.3	5.4
	惠州	—	6.8	11.9	4.4	5.2	7.9
	肇庆	—	7.7	4.2	4.7	1.1	5.7
	珠三角九市	—	5.0	6.1	5.4	1.6	5.0

续表

类别	区域	2010年	2015年	2018年	2019年	2020年	2010—2020年均增速（%）
用电量占比（%）	广州	20.4	19.9	20.0	20.4	19.9	—
	深圳	21.3	20.8	19.6	19.7	19.6	—
	佛山	15.1	15.0	14.8	14.3	14.2	—
	东莞	18.3	17.0	17.2	17.3	17.4	—
	珠海	3.3	3.7	3.8	3.9	3.8	—
	江门	5.4	6.0	6.0	6.0	6.2	—
	中山	6.1	6.3	6.2	6.3	6.3	—
	惠州	6.8	7.4	8.7	8.6	8.9	—
	肇庆	3.4	3.9	3.7	3.6	3.6	—
	珠三角九市	100.0	100.0	100.0	100.0	100.0	—

注 1. 由于数据采用四舍五入，分项累计可能与总数略有差别。
2. 2015年用电量增速为2010—2015年5年平均增速，2018年用电量增速为2015—2018年3年平均增速。

数据来源：珠三角九市统计局

2.1.1.3 香港电力需求

（1）香港全社会用电量呈基本饱和状态。2020年，香港全社会用电量478亿kWh，同比降低2.8%。香港用电量2010年以来基本进入饱和状态，年用电量稳定在480亿kWh左右。2010—2020年香港全社会用电量和增速如图2-6所示。

（2）香港净进口电量占比逐年增长。2020年，香港全社会用电量478亿kWh，其中本地发电量351亿kWh，从内地进口电量127亿kWh，不再出口内地（深圳蛇口）。香港净进口电量从2010年的79亿kWh增长到2020年的127亿kWh，净进口占比从2010年的17.1%增长到2020年的26.6%，2020年比2010年提升了9.5个百分点，呈增长趋势。2010—2020年香港电量供需平衡情况见表2-3。

表2-3　　2010—2020年香港电量供需平衡情况　　单位：亿kWh，%

项目	2010年	2015年	2016年	2017年	2018年	2019年	2020年
本地发电	383	379	382	369	365	368	351

续表

项目	2010 年	2015 年	2016 年	2017 年	2018 年	2019 年	2020 年
内地进口	105	117	116	126	126	124	127
自用及损耗	43	46	45	44	43	44	37
出口内地	26	12	12	13	6	0	0
全社会用电量	462	485	486	482	485	492	478
净进口电量	79	106	104	112	120	124	127
净进口占比	17.1	21.8	21.4	23.3	24.8	25.2	26.6

注 1. 全社会用电量=本地发电+内地进口电量-出口内地电量。
2. 净进口电量=内地进口电量-出口内地电量。

数据来源：香港政府统计处

图 2-6 2010—2020 年香港全社会用电量及增速

数据来源：香港政府统计处

(3) 商业用电量占据香港用电量的首位。香港用电主要由商业、住宅、工业和街灯用电组成。2020 年，商业用电量 281 亿 kWh，占供电量的 63.6%，是最主要的用电行业；住宅用电量 130 亿 kWh，占供电量的 29.4%，居第二位；工业、街灯用电量分别为 30 亿 kWh、1 亿 kWh，占比分别为 6.7%和 0.2%。2020 年香港用电量构成如图 2-7 所示。

2.1.1.4 澳门电力需求

(1) 澳门全社会用电量保持增长态势。2020 年，澳门用电量 54.2 亿

kWh，同比降低6.7%。2010—2020年，澳门用电量年均增长率3.3%，保持增长态势，近年来增速有所放缓。2010—2020年澳门全社会用电量情况如图2-8和表2-4所示。

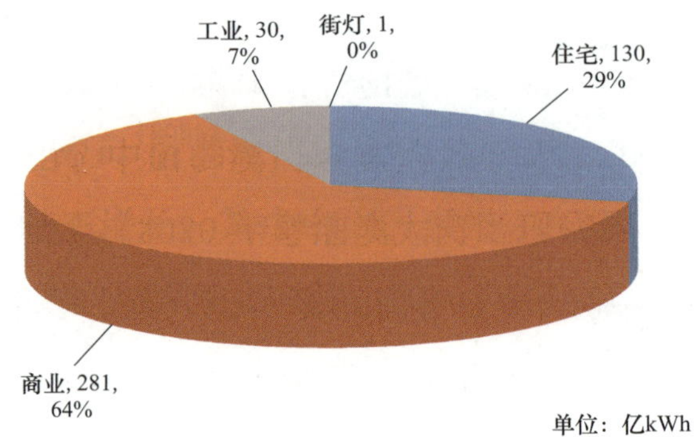

图2-7　2020年香港用电量构成

数据来源：香港政府统计处

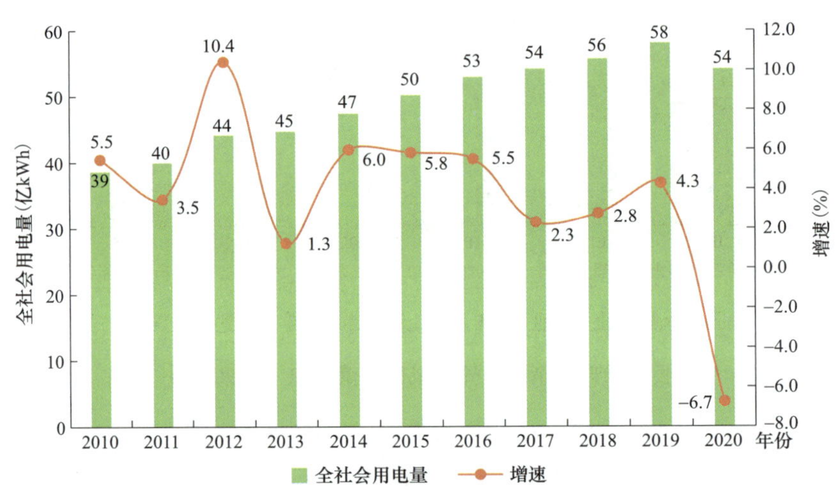

图2-8　2010—2020年澳门全社会用电量

数据来源：澳门统计暨普查局

表2-4　　2010—2020年澳门全社会用电量　　单位：亿kWh

项目	2010年	2015年	2018年	2019年	2020年	2010—2020年均增速（%）
用电量	39	50	56	58	54	—
增速（%）	5.5	5.8	2.8	4.3	-6.7	3.4

数据来源：澳门统计暨普查局

（2）澳门大部分电量由中国内地进口。2020 年，澳门从中国内地进口电量 48.5 亿 kWh，占澳门全社会用电量的比重高达 89.6%。2010—2020 年，澳门进口电量占全社会用电量的比重除 2010 年（72.1%）和 2017 年（73.0%）外，其余年份均超过 80%，2013 年高达 90.8%。2010—2020 年澳门电量平衡情况如表 2-5 所示。

表 2-5　　2010—2020 年澳门电量平衡情况　　单位：亿 kWh

项目	2010 年	2015 年	2016 年	2017 年	2018 年	2019 年	2020 年
发电量	11	10	10	15	7	8	6
进口电量	28	41	43	40	49	50	49
全社会用电量	39	50	53	54	56	58	54
进口占比（%）	72.1	80.8	81.3	73.0	88.2	85.7	89.6

数据来源：澳门统计暨普查局

（3）澳门用电以工商业用电为主。从售电量结构来看，澳门用电主体分为工商业场所、住户和政府机构等三类，其中工商业场所用电是最大用电主体。2020 年，澳门工商业场所用电量 33.6 亿 kWh，占售电量的比重为 64.8%。2014—2020 年澳门电力消费情况如表 2-6 所示，2020 年澳门电量消费构成如图 2-9 所示。

表 2-6　　2014—2020 年澳门电力消费情况　　单位：亿 kWh

项目	2014 年	2015 年	2016 年	2017 年	2018 年	2019 年	2020 年
全社会用电量	47.4	50.2	52.9	54.2	55.7	58.1	54.2
自用及损耗	2.7	2.3	2.6	2.5	2.5	2.6	2.3
终端用电量	44.7	47.8	50.4	51.7	53.2	55.5	51.9
免费用电量	0.1	0.1	0.1	0.1	0.1	0.1	0.1
售电量	44.6	47.8	50.3	51.6	53.1	55.4	51.8
其中，工商业场所	33.4	36.2	38.4	35.7	36.6	37.9	33.6
住户	9.1	9.4	9.6	11.1	11.3	11.8	13.0
政府机构	2.1	2.2	2.4	4.8	5.2	5.7	5.3

注　1. 全社会用电量=发电损耗+输配电损耗+供电损耗+终端用电量。
2. 终端用电量=免费用电量+售电量。
3. 政府机构用电量指所有由政府付费的电表合同的用量总计，包括一般公共行政机构、城市公共照明、公营的医疗及教育机构等。

数据来源：澳门统计暨普查局

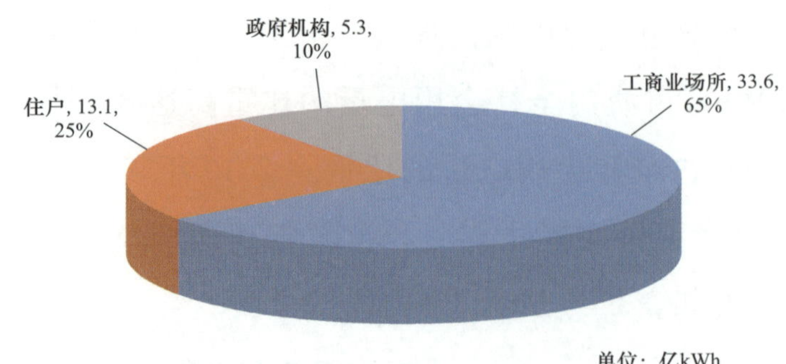

图 2-9　2020 年澳门售电量构成

数据来源：澳门统计暨普查局

2.1.2　分产业电力需求

（1）受新冠疫情影响，第二产业和第三产业电力需求增长动力不足。2020 年，珠三角地区三次产业和城乡居民用电量分别为 82 亿、2957 亿、1162 亿、812 亿 kWh，同比分别增长 4.4%、0.5%、0.8%、6.8%，对全社会用电量增长的贡献率分别为 4.4%、19.5%、11.0%、65.1%，同比分别增长 3.5%、-8.9%、-38%、43.4%。城乡居民用电量对珠三角全社会用电量增长贡献大幅增加，已超过 60%，第二产业和第三产业用电量为用电量增长的贡献大幅降低。

（2）城乡居民用电占比提升。2020 年，第二产业和第三产业用电量占全社会用电量的比重分别为 59.0%和 23.2%，同比分别下降 0.6、0.2 个百分点；城乡居民用电比重为 16.2%，同比提升 0.8 个百分点。2019—2020 年三次产业和居民生活用电占比如图 2-10 所示。

2.1.3　重点行业电力需求

（1）高技术及装备制造业用电量保持较稳定增长。2020 年，珠三角制造业用电量 2562 亿 kWh，同比增长 1.2%，占全社会用电量 51.1%。高技术及装备制造业[❶]用电量 1231 亿 kWh，同比增长 4.7%，高于制造业用电增

❶ 高技术及装备制造业包括：医药制造业、金属制品业、通用设备制造业、专用设备制造业、汽车制造业、铁路/船舶/航空航天和其他运输设备制造业、电气机械和器材制造业、计算机/通信和其他电子设备制造业、仪器仪表制造业 9 个行业。

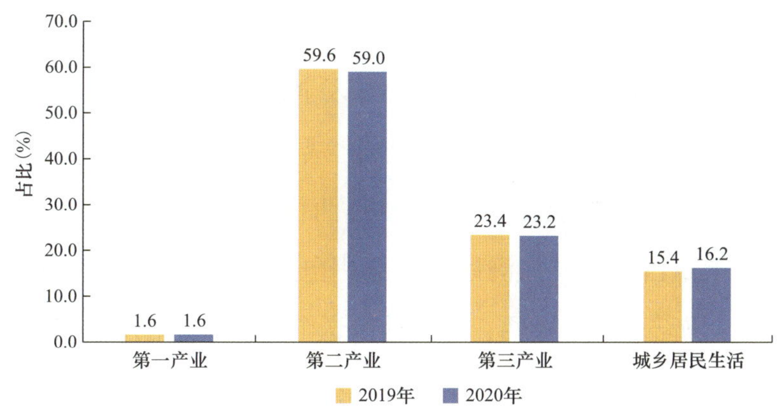

图 2-10　2019—2020 年珠三角三次产业和城乡居民生活用电占比

数据来源：《广东电网现状及地理接线图集》

速 3.5 个百分点。其中，计算机/通信和其他电子设备制造业、金属制品业用电量居珠三角用电量比重前两位，占比分别为 9.1%、7.3%，用电量同比分别增长 12.8%、3.0%，对用电量增长贡献率分别为 64.5%、13.2%。

（2）四大高载能行业用电量对珠三角用电量增长贡献较低。2020 年，珠三角九市四大高载能行业[1]合计用电量 333 亿 kWh，同比下降 6.5%，对珠三角用电量增长贡献率仅为 -29.3%。其中，化学原料及化学制品制造业、黑色金属冶炼及压延加工业同比分别增长 16.7%、5.5%，非金属矿物制品业、有色金属冶炼及压延加工业用电量同比分别下降 15.9%、7.0%，四大高载能行业用电量对珠三角用电量增长贡献率分别为 13.0%、2.7%、-4.2%、-40.9%。

2.2　粤港澳大湾区电源发展

2.2.1　电力供应整体情况

2.2.1.1　电力供应来源

粤港澳大湾区电力供应对外依赖度较高。粤港澳大湾区电力供应来源包

[1] 四大高载能行业包括：化学原料和化学制品制造业、非金属矿物制品业、黑色金属冶炼和压延加工业、有色金属冶炼和压延加工业 4 个行业。

括区内电源、西电东送以及广东省粤东、粤西、粤北地区送电。粤港澳大湾区本地电源供应不足，2020年粤港澳大湾区全社会用电量5545亿kWh，其中粤港澳大湾区总发电量3087亿kWh，同比减少3.8%，区内电源发电量占粤港澳大湾区全社会用电量的55.7%；购西电电量2058亿kWh，同比增长1.8%，购西电电量占粤港澳大湾区全社会用电量的37.1%。考虑区内电源和西电东送电量后，仍需粤东、粤西、粤北地区送电约400亿kWh，约占粤港澳大湾区全社会用电量的7.2%。2020年粤港澳大湾区电量供应占比如图2-11所示。

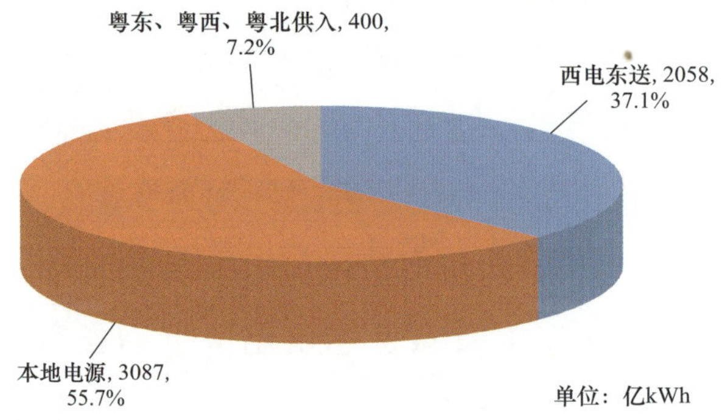

图2-11　2020年粤港澳大湾区电量供应占比

数据来源：《广东电网公司统计资料汇编》《广东电网有限责任公司数据资产清单》《广东电网现状及地理接线图集》；南方电网“十四五”系统设计统计资料

2.2.1.2　电力供应构成

清洁能源电力供应占比超过60%。2020年粤港澳大湾区电力供应中，区域内清洁电力占比约58.7%，电量约1812亿kWh；西电东送清洁电力占比约74%，电量约1530亿kWh；即使不计广东省粤东、粤西、粤北地区送入的清洁电力，2020年粤港澳大湾区清洁能源占比已达60.3%。2020年粤港澳大湾区电力供应构成如图2-12所示。

2.2.2　区内电源发展情况

2.2.2.1　区内电源装机

（1）粤港澳大湾区电源装机容量稳定增长。2020年底，粤港澳大湾区

电源总装机容量 8490 万 kW，同比增长 2.7%。其中，清洁能源装机容量 5414 万 kW，同比增长 11.2%，占总装机容量的比重为 63.8%，比 2010 年比重提升了 14.7 个百分点。煤电、气电、水电、抽水蓄能、核电及新能源装机容量分别为 3075 万、3028 万、130 万、600 万、962 万 kW 和 694 万 kW，分别占总装机容量的 36.2%、35.7%、1.5%、7.1%、11.3%和 8.2%。2010—2020 年粤港澳大湾区电源装机构成如图 2-13 所示。

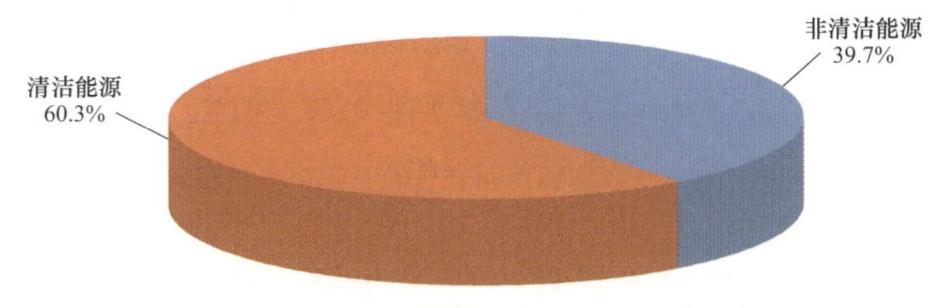

图 2-12　2020 年粤港澳大湾区电力供应构成

数据来源：《广东电网公司统计资料汇编》《广东电网有限责任公司数据资产清单》《广东电网现状及地理接线图集》；南方电网“十四五”系统设计统计资料

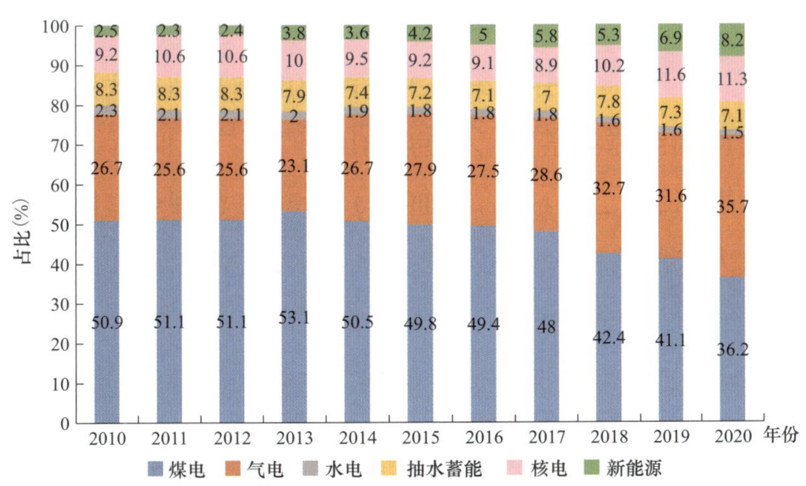

年份	2010	2011	2012	2013	2014	2015	2016	2017	2018	2019	2020
煤电	50.9	51.1	51.1	53.1	50.5	49.8	49.4	48	42.4	41.1	36.2
气电	26.7	25.6	25.6	23.1	26.7	27.9	27.5	28.6	32.7	31.6	35.7
水电	2.3	2.1	2.1	2	1.9	1.8	1.8	1.8	1.6	1.6	1.5
抽水蓄能	8.3	8.3	8.3	7.9	7.4	7.2	7.1	7	7.8	7.3	7.1
核电	9.2	10.6	10.6	10	9.5	9.2	9.1	8.9	10.2	11.6	11.3
新能源	2.5	2.3	2.4	3.8	3.6	4.2	5	5.8	5.3	6.9	8.2

图 2-13　2010—2020 年粤港澳大湾区电源装机构成

数据来源：《广东电网公司统计资料汇编》《广东电网有限责任公司数据资产清单》《广东电网现状及地理接线图集》；南方电网“十四五”系统设计统计资料

（2）香港、澳门装机容量均保持稳定。2020年，香港装机容量1313万kW，澳门装机容量40.8万kW。近年来，香港、澳门装机容量均保持稳定水平。2010—2020年香港、澳门装机容量如表2-7所示。

表2-7　2010—2020年香港、澳门装机容量情况　单位：万kW

项目	2010年	2015年	2018年	2019年	2020年	2010—2020年均增速（%）
香港装机容量	1262	1263	1228	1223	1313	0.4
澳门装机容量	47.2	47.2	40.8	40.8	40.8	－0.2

数据来源：香港政府统计处、澳门统计暨普查局

（3）新能源装机占比持续提升。2020年底，粤港澳大湾区新能源装机容量694万kW，同比增长22.0%，占总装机容量的比重为8.2%，比2010年比重提升了5.6个百分点。陆上风电、海上风电、光伏、生物质及其他装机容量分别为61万、29万、355万、248万kW，分别占总装机容量的0.7%、0.3%、4.2%、2.9%。2010—2020年粤港澳大湾区新能源电源装机占比如图2-14所示。

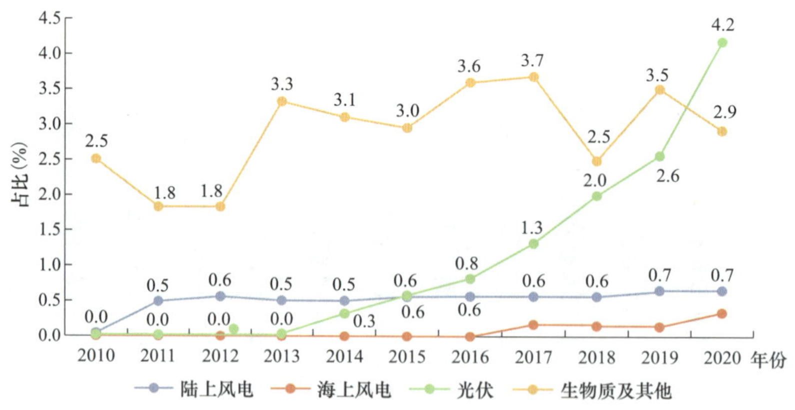

图2-14　2010—2020年粤港澳大湾区新能源电源装机占比

数据来源：《广东电网公司统计资料汇编》《广东电网有限责任公司数据资产清单》《广东电网现状及地理接线图集》；南方电网“十四五”系统设计统计资料

2.2.2.2 区内电源发电量

（1）粤港澳大湾区电源总发电量有所下降。2020 年粤港澳大湾区总发电量 3087 亿 kWh，同比减少 3.8%。其中清洁能源发电 1811 亿 kWh，同比增长 4.4%，占发电总量的比重为 58.7%，比 2010 占比提高 23.1 个百分点。煤电、气电、水电、抽水蓄能、核电及新能源发电量分别为 1275 亿、858 亿、31 亿、65 亿、691 亿 kWh 和 167 亿 kWh，分别占总发电量的 41.3%、27.8%、1%、2.1%、22.4%和 5.4%。2010—2020 年粤港澳大湾区电源发电量构成如图 2-15 所示。

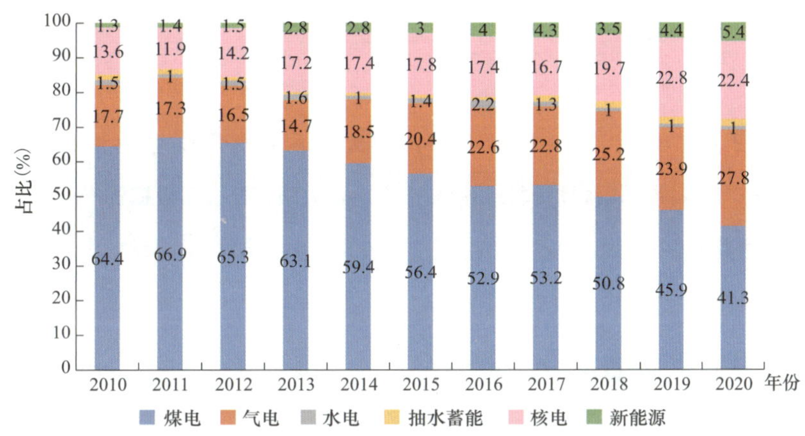

图 2-15 2010—2020 年粤港澳大湾区电源发电量构成

数据来源：《广东电网公司统计资料汇编》《广东电网有限责任公司数据资产清单》《广东电网现状及地理接线图集》；南方电网“十四五”系统设计统计资料

（2）香港电源发电量保持稳定，澳门呈下趋势。2020 年，香港发电量 351 亿 kWh，澳门发电量 6 亿 kWh。2010 年以来，香港发电量保持稳定水平，而澳门发电量逐步下降。2010—2020 年香港、澳门发电量情况如表 2-8 所示。

表 2-8 2010—2020 年香港、澳门发电量情况 单位：亿 kWh

项目	2010 年	2015 年	2018 年	2019 年	2020 年
香港电源发电量	383	379	365	368	351
澳门电源发电量	11	10	7	8	6

数据来源：香港政府统计处、澳门统计暨普查局

（3）新能源发电量稳步提升。2020 年，粤港澳大湾区新能源发电量 164

亿kWh，同比增长18%，占发电总量的比重为5.4%，比2010占比提高4.0个百分点。2010—2020年粤港澳大湾区新能源发电量构成如图2-16所示。

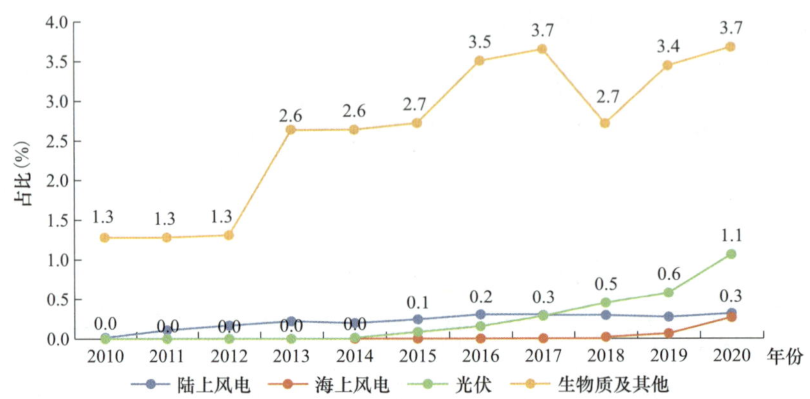

图2-16　2010—2020年粤港澳大湾区新能源发电量构成

数据来源：《广东电网公司统计资料汇编》《广东电网有限责任公司数据资产清单》《广东电网现状及地理接线图集》；南方电网“十四五”系统设计统计资料

2.2.3　区外电力供应情况

2.2.3.1　西电东送供应

西电东送电力供应是区外电力供应的主体。2020年粤港澳大湾区共接受西电东送容量4508万kW，购西电东送电量约2058亿kWh（受端），同比增长1.8%。其中，购西南电量1838亿kWh，同比增长1.5%；购鲤鱼江电厂电量21亿kWh，同比减少2.0%；购桥口电厂电量39.0亿kWh，同比减少3.0%；购三峡电厂电量（含新疆、国网）159亿kWh，同比增长7.2%；2020年粤港澳大湾区西电东送容量和电量明细如表2-9和表2-10所示。

表2-9　　2020年粤港澳大湾区西电东送容量　　单位：万kW

序号	合　计	4508
1	云南合计	2850
2	贵州合计	800

续表

序号	合　　计	4508
3	天广直流	168
4	龙滩	210
5	三广直流	300
6	鲤鱼江	180

数据来源：《广东电网现状及地理接线图集》；南方电网“十四五”系统设计统计资料

表 2 - 10　　2020 年粤港澳大湾区西电东送电量　　单位：亿 kWh

地区	名　　称	电量	同比增长率（%）
西南地区	天生桥一级电站送	20	-24.6
	天生桥二级电站送	25	-23.4
	龙滩电站送	67	1.6
	广西电网送	30	0.8
	云南电网送	603	-19.3
	贵州电网送	469	11.2
	溪洛渡电站送	260	9.0
	滇西北送	256	2.8
	乌东德送	109	—
其他地区	鲤鱼江电厂送	21	-2.0
	三峡电厂（含新疆、国网）	159	7.2
	桥口电厂送	39	-3.0

数据来源：《广东电网现状及地理接线图集》；南方电网“十四五”系统设计统计资料、2020 年南方五省区电力统计年报

2.2.3.2　粤东西北供入

粤东西北供入为粤港澳大湾区电力保障提供有力支撑。2020 年底，粤港澳大湾区负荷 10 526 万 kW，区内电源实际利用容量约 7223 万 kW，西电东送 4508 万 kW，考虑备用容量等因素后，仍需粤东、粤西、粤北[1]地区送电约 900 万 kW；受省内电源、区外电力及负荷分布局影响，广东电网电力

[1] 粤东覆盖潮州、汕头、揭阳、梅州、河源、汕尾 6 市；粤西覆盖湛江、茂名、阳江 3 市；粤北覆盖韶关、清远 2 市；珠西北覆盖广州北部、佛山北部及肇庆、云浮全市；珠西南覆盖广州南部、佛山南部及珠海、江门、中山全市；珠东北覆盖东莞全市、惠州中北部；珠东南覆盖深圳全市（包括深汕合作区）、惠州中南部。

流向总体呈现“自西向东”，粤东、粤西、粤北三个电源基地向珠三角粤港澳大湾区送电的格局。

2.3 粤港澳大湾区电网发展

2.3.1 电网发展整体情况

2.3.1.1 珠三角电网

截至2020年底，珠三角电网直流最高电压等级为±800kV、交流最高电压等级为500kV，通过10回直流线路及3回500kV交流线路与中西部电网互联。珠三角范围内500kV主网架已形成内外双环网结构，向东延伸至潮州、向西辐射到湛江、向北辐射到韶关。

珠三角电网交流电压等级包括500、220、110、35、10kV和0.38（0.22）kV。2020年底，珠三角电网有500kV变电站42座，其中含开关站1座，500kV主变压器容量11 550万kVA，500kV线路总长度约6955km；220kV公用变电站306座，220kV主变压器容量16 615万kVA，220kV线路总长度约15 310km；110kV公用变电站1339座，110kV主变压器容量16 725万kVA，110kV线路总长度约22 477km；35kV公用变电站43座，35kV主变压器容量48万kVA，35kV线路总长度约1044km；10kV线路24 802回，10kV线路长度200 927km（其中电缆134 303km），开关柜586 865面，柱上断路器69 804台。

2.3.1.2 香港电网

香港电力工业主要由香港中华电力有限公司（简称“中电”）和香港电灯有限公司（简称“港灯”）两大公司分区管理和运营。中电供电范围包括九龙、新界、长洲、竹篙屿、大屿山、喜灵洲、东平洲等地区，供电区的面积约占香港地区总面积的91%。港灯主要负责给港岛、鸭脷洲、南丫岛和蒲苔岛等地区供电。

香港电网包括中电电网和港灯电网两部分。2020 年，香港电网电压等级包括 400、275、132、66、33、11、0.38（0.22）kV。为了电力余缺互补、提高供电可靠性和减少应急备用容量，港灯与中电的供电系统在北角（港岛侧）与红磡（九龙侧）之间有 3 回 132kV 跨海电缆作为电力联络线，输送容量 3×24 万 kW。香港电网共有 230 座变电站，变电容量 6583 万 kVA，线路 2103km，其中 9 座 400kV 变电站。中电电网通过 4 回 400kV 线路及 7 回 132kV 线路与广东电网互联。

2.3.1.3　澳门电网

澳门电网覆盖澳门半岛、氹仔岛、路环岛以及珠海横琴岛的澳门大学校区，均由澳门电力股份有限公司运营。

2020 年底，澳门电网电压等级分别为 220、110、66、11、0.38（0.22）kV。澳门电网有 66kV 及以上电缆长度 1020km，共有 26 座变电站及 8 座高压开关站，其中 220/110kV 变电站 2 座，分别为鸭涌河站（5×18 万 kVA）和莲花站（5×18 万 kVA）。澳门电网通过 6 回 220kV 线路及 4 回 110kV 线路与珠三角（珠海）电网互联。

2.3.2　输电网发展情况

2.3.2.1　珠三角主干输电网

珠三角主干网形成双回环网结构。珠三角主干网已全面建成 500kV 内外双环主网架结构，向东延伸至潮州、向西辐射到湛江、向北辐射到韶关，区域之间联系紧密。江中珠（江门、中山、珠海）、广佛南地区是大量电源接入片区，与外区电网有 3 个 500kV 输送通道相联系，深莞惠地区形成穗东～横沥～纵江～莞城～水乡～穗东、鹏城～宝安～崇文～祯州～现代～紫荆～东方～鲲鹏双回环网结构，并有多个站点与双环网内站点紧密联系。

2.3.2.2　粤港澳互联输电网

粤港互联、粤澳互联持续加强。珠三角通过 4 回 400kV 线路、7 回 132kV 线路与香港联网，协议送电规模 235 万 kW，约占香港最大用电负荷

25%。此外，深圳站第三台连接变压器扩建、核深线增容改造工程已投产，对港送电能力持续增强。珠三角通过6回220kV电缆线路、4回110kV电缆线路（处于备用）与澳门联网，同时珠海对澳输电第三通道（烟墩～北安）开工建设。粤港、粤澳联网通道示意图如图2-17所示。

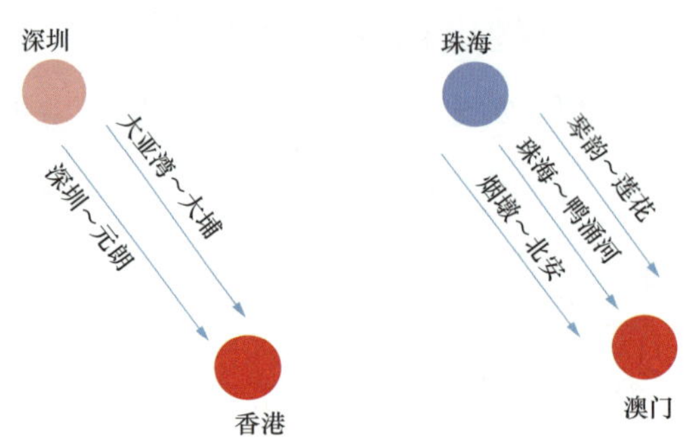

图2-17　2020粤港、粤澳联网通道示意图

数据来源：《广东电网现状及地理接线图集》；南方电网“十四五”系统设计统计资料

2.3.2.3　区外互联输电网

（1）西电东送情况。2020年，新建成投产的昆柳龙多端柔性直流1回，送电粤港澳大湾区容量500万kW。截至2020年底，粤港澳大湾区电网通过10回直流线路与中西部电网互联，包括±500kV天广直流1回、±500kV江城直流1回，±500kV禄高肇直流（高肇段）1回、±500kV兴安直流1回、±500kV牛从直流2回、±800kV楚穗直流1回、±800kV普侨直流1回、±800kV新东直流1回、±800kV昆柳龙直流1回；通过3回交流线路与中西部电网互联，包括梧罗500kV交流线路1回、贺罗500kV交流线路2回。

（2）粤东西互联情况。粤东、粤西、粤北地区是广东省重要的电源基地，粤东地区承担向珠三角东部莞深惠地区送电的任务。截至2020年，粤东地区除海丰电厂和甲湖湾“点对网”外送通道外，已形成3个“网对网”外送通道共7回500kV线路向珠三角地区送电；粤西地区通过博贺电厂～卧龙、阳江核电～五邑（鳌峰）“点对网”送电外，还通过蝶岭4回500kV线路向珠三角送电；粤北地区已形成2个外送通道共4回500kV线路向珠

西北地区送电及清远蓄能电厂到花都的“点对网”送电通道。粤东、粤西、粤北地区“点对网”送电明细如表 2-11 所示。

表 2-11　2020 年粤东、粤西、粤北地区“点对网”送电明细

序号	电源名称	装机区域	送入区域
1	小漠电厂	粤东	珠东北
2	阳江核电	粤西	珠西南
3	清远蓄能	粤北	珠西北
4	甲湖湾电厂	粤东	珠东北
5	博贺电厂	粤西	珠西北

数据来源：《广东电网现状及地理接线图集》；南方电网“十四五”系统设计统计资料

2.3.3　配电网发展情况

2.3.3.1　珠三角配电网

珠三角配电网网架结构、接线方式和供电形式多样。珠三角配电网电压等级包括 110、35、20、10kV 和 0.38（0.22）kV。

高压配电网结构包括双回链式、不完全双回链式，部分为双回辐射式等典型接线形式及其他非典型接线形式，并构成以 220kV 变电站为中心分片运行的模式，运行方式灵活，负荷转移能力强。

中压配电网结构包括 N 供一备、单环网、双环网、多分段单联络、多分段两联络、多分段三联络、辐射型等典型接线形式及其他非典型接线形式。珠三角主要城市中压配电网为满足用户需求与供电可靠性要求，正逐步改造为可靠性更高的双环网和“一供一备”的接线方式。在广州、深圳等地的部分智能电网示范区采用 220kV 直降 20kV 电压等级，构建 20kV 花瓣形闭环运行接线。

2.3.3.2　香港配电网

香港电网除极少数为架空线外，其余均为直埋式、专用缆沟敷设或专用隧道的电缆线路，275kV 电网形成双环网结构，132kV 由多个环形结构组成，互相联络与备用。香港电网 11kV 配电系统为电缆环网，正常闭环运行。其中，中电电网已建成梅花形多环网络，实现两供一备、一供一备。

2.3.3.3　澳门配电网

澳门电网以110、66kV电缆为主，11kV的中压配电网是由1584个用户变电房（11kV/400V）及43个用户开关站，连接2477km长的电缆组成。低压配电网则由982km的电缆组成。220kV鸭涌河变电站、220kV莲花变电站之间通过多回110kV线路和66kV线路相互联系。为保证澳门电网安全供电，澳门电力股份有限公司考虑将澳门110kV电网长期环网运行。

2.4　粤港澳大湾区电力工程造价

2.4.1　电源造价

在各类电源的造价中，设备购置费、建筑工程费等占绝大部分比例。粤港澳大湾区的电源工程造价除了人工费用高于全国平均水平外，设备购置费、建筑工程费等与国内其他区域基本持平。总体来说，粤港澳大湾区的电源造价与国内其他区域的电源的造价相差不大。因此在本报告中，粤港澳大湾区的电源造价主要参考全国的电源造价情况。

2020年燃煤发电工程单位造价与近年相比无明显差异，但相似容量机组由于技术、材料升级使运行期的经济效益指标发生了较大改变。从全寿命周期角度分析，发电成本有明显降低。从工程造价层面反映出电力基建环节对国家能源发展做出了贡献。由于新冠疫情影响，2020年连续施工的燃煤发电工程单位造价均存在一定上涨，涨幅主要集中于涉及人工、机械较多的建筑安装工程。疫情的影响一方面表现在设备、材料生产供应不畅，影响连续施工；另一方面，参与施工人员新增的健康管理措施及由疫情引发的降低也增加了工程项目成本。2020年燃煤发电工程分项费用占比如图2-18所示。

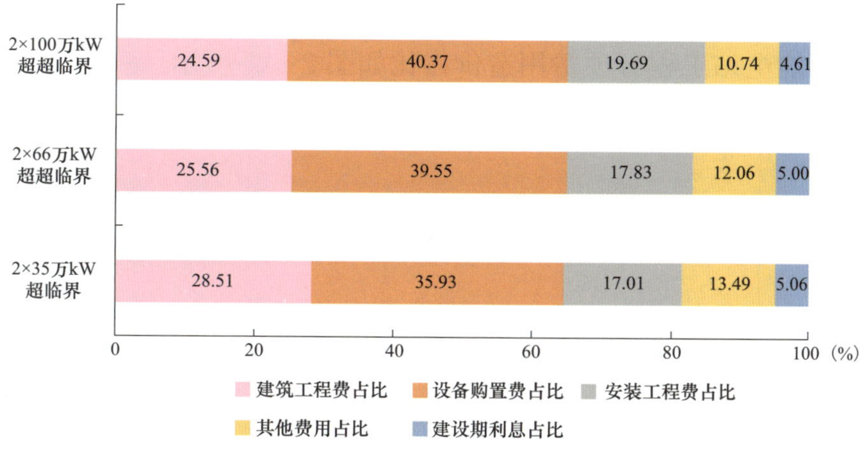

图 2-18 2020 年燃煤发电工程分项费用占比

随着我国大型先进压水堆及高温气冷堆核电重大专项继续稳步推进，"华龙一号"、小型反应堆、聚变堆等一批核能科技工程、创新技术取得重大进展，核电工程单位造价水平较上年有所上涨。2020 年核电工程分项费用造价占比如图 2-19 所示。

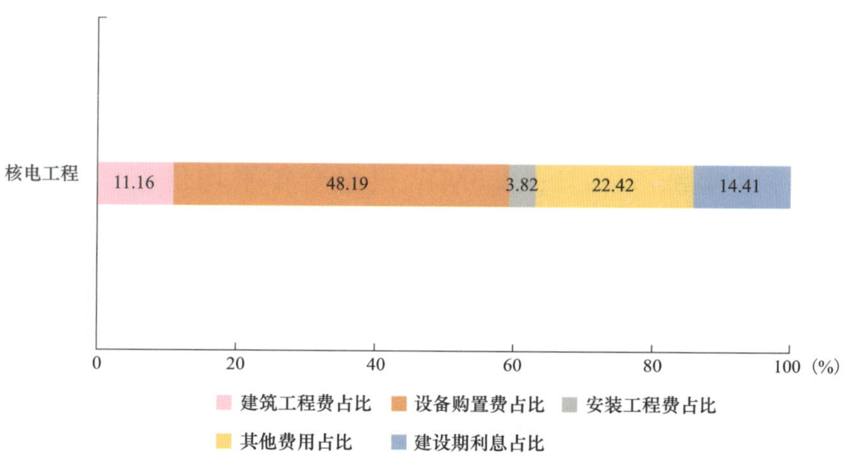

图 2-19 2020 年核电工程分项费用造价占比

近年来，水电工程单位造价整体呈现逐年上涨趋势，主要原因是随着水电站工程的不断开发，工程建设环境日趋复杂，工程建设成本不断上涨。其中建设征地移民安置补偿费是影响水电工程投资水平的主要因素，在大型和特大型电站上尤为明显。按不同装机规模，常规水电工程和抽水蓄能电站工程均体现出装机容量越大，单位造价指标越低的趋势。2020年常规水电工程和抽水蓄能电站工程分项费用造价占比如图2-20所示。

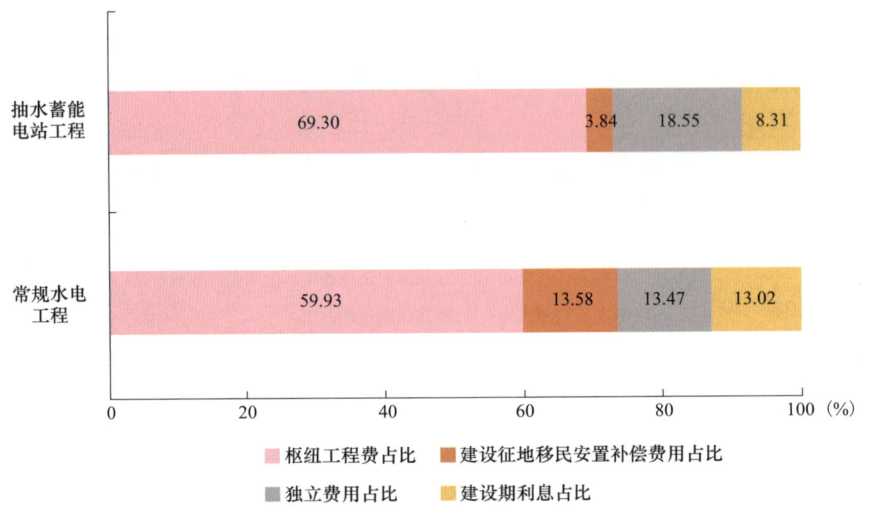

图2-20　2020年常规水电工程和抽水蓄能电站工程分项费用造价占比

2020年陆上风电工程设备及安装工程费较上年有所上涨，除受疫情影响增加费用外，主要是受风电机组价格、主变压器价格、吊装费用等上涨影响。在“2018年底之前核准、2020年底前未完成并网的项目不再享受补贴”的国家政策以及短期内供需关系的共同作用下，2MW机组全年平均价格约3703元/kW，较2019年上涨5.29%；2.5MW机组全年平均价格约3735元/kW，较2019年上涨4.21%；3MW机组全年平均价格约3670元/kW，较2019年上涨1.66%；塔筒全年平均价格8450元/t，较2019年上涨2.42%。施工资源不足导致吊装费用由2019年27～65万元/台，涨至80～180万元/台。

2020年海上风电处于快速发展阶段，随着大容量单机风电机组设备认证并应用、各类基础型式的工艺探索成熟、新型施工船舶（机械）设备采用，稳步降低项目开发成本。同样，受“2021年底前未能全部机组完成并网的项目不再享受补贴”政策的影响，大批存量项目同期开发造成海上施工设备资源紧张，成本自2020年2季度快速上涨，打桩、吊装等施工费用截至年底趋于翻倍，海缆、钢结构等配套产业由于产能限制也存在短期供货不足，造成项目建设成本大幅上涨。塔筒全年平均价格约12 550元/t，较

2019 年上涨 3.29%。随着单机容量的增加，海上风机在叶片轻量化、主轴承制造加工、大功率传动及冷却等方面也面临巨大技术挑战，其单位造价水平也随之增长。2020 年风力发电工程分项费用造价占比如图 2-21 所示。

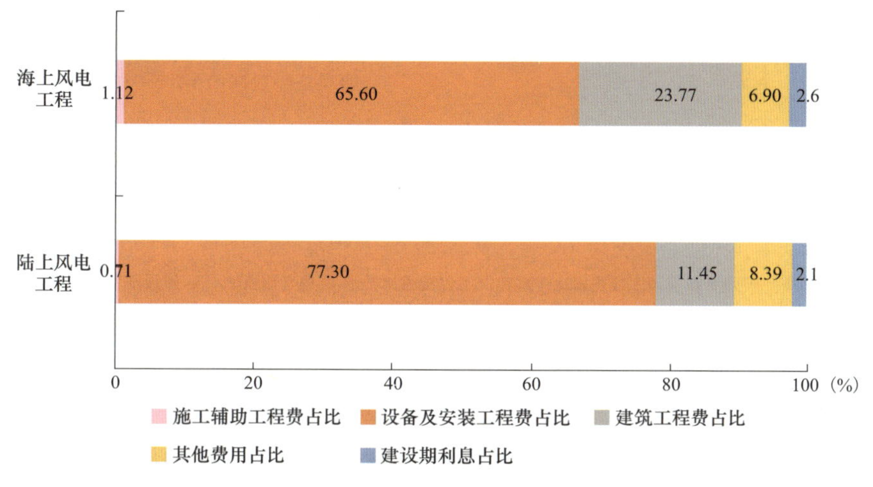

图 2-21　2020 年风力发电工程分项费用造价占比

2020 年光伏发电工程的设备及安装工程费较上年有所下降，主要是受光伏组件和系统等价格下降影响。其中光伏组件全年平均价格约为 1.67 元/W，较 2019 年下降 10.3%，系统全年平均价格约 3.99 元/W，较 2019 年下降 12.3%。硅片、电池产品价格虽受疫情、事故及自然灾害等因素影响但全年来看价格仍分别下降了 5.7%、6.7%。随着光伏项目设计的完善优化，具备相关施工资质企业增多，施工费用方面存在一定良性竞争，建筑工程费较 2019 年呈下降趋势。2020 年光伏发电工程分项费用造价占比如图 2-22 所示。

2.4.2　电网造价

2.4.2.1　35～500kV 电压等级架空线路工程造价

2020 年南方电网有限公司各分子公司 35～500kV 架空线路工程造价控制线中，广东省略高于其他省区，而在广东省内粤港澳大湾区区域的本体投资和静态投资都明显高于非粤港澳大湾区区域。广东省电网 35～500kV 架空线路工程造价控制线如表 2-12 所示。

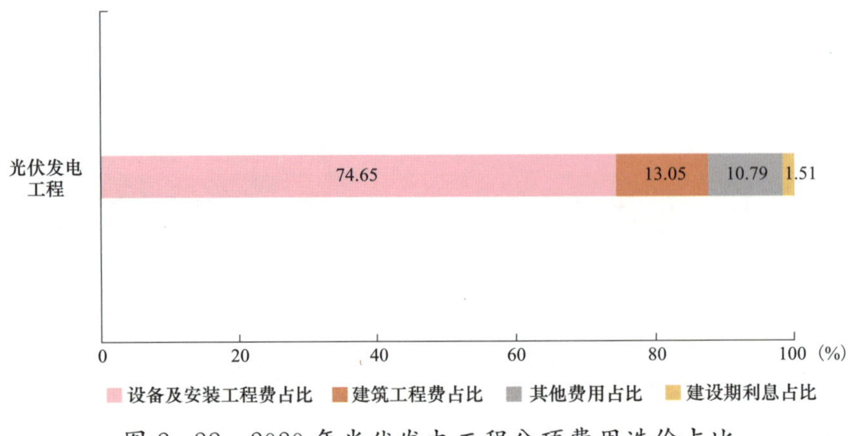

图 2-22　2020 年光伏发电工程分项费用造价占比

表 2-12　　广东省电网 35～500kV 架空线路工程造价控制线

单位：万元/km

单位	电压等级（kV）	回路数	导线截面积（mm²）		本体投资	静态投资
广东（粤港澳大湾区）	110	单回	中截面积	240 及以上、400 及以下	69	97
		单回	大截面积	400 以上、800 及以下	80	118
	220	单回	中截面积	400 及以上、630 及以下	114	163
		单回	大截面积	630 以上、3200 及以下	135	192
	500	单回	大截面积	1600 以上、3200 及以下	298	388
广东（非粤港澳大湾区）	110	单回	大截面积	400 以上、800 及以下	75	104
	220	单回	中截面积	400 及以上、630 及以下	105	148
		单回	大截面积	630 以上、3200 及以下	120	175
	500	单回	大截面积	1600 以上、3200 及以下	240	323
深圳	110	单回	中截面积	240 及以上、400 及以下	71	99
	220	单回	中截面积	400 及以上、630 及以下	99	150
	500	单回	大截面积	1600 以上、3200 及以下	332	428

注　1. 双回路系数 110kV 取 1.7、220kV 取 1.8、500kV 取 2；

2. 本体投资不含价差；

3. 导线截面积以“相”计算，是分裂数与单根导线截面积的乘积；

4. 深圳控制线缺项部分，优先采用广东电网公司（粤港澳大湾区）控制线，仍缺项的，使用南网控制线；其他分子公司造价控制线出现缺项的，执行同类型南网公司造价控制线；

5. 路径长度小于 5km 的线路工程可不与本控制线进行对比；

6. 利用原有铁塔加挂导线的架空线路（段），按相应基本规模控制标准的 15%计算。

2.4.2.2　10kV 及以下电压等级架空线路工程造价

2020 年南方电网有限公司各分子公司 10kV 架空线路造价中，广东省架空线路本体工程费（不含价差）为 39.9 万～58.5 万元/km，明显高于其他省份，约是其他省份造价的 1.7～2.3 倍；1kV 及以下架空线路造价中广东省架空线路本体工程费（不含价差）为 7 万元/km，约是其他省份造价的 1.1～1.7 倍；10kV 架空线路造价中广东省架空线路静态投资为 45.7 万～66.6 万元/km，同样高于其他省份；1kV 及以下架空线路造价中广东省架空线路静态投资为 8.1 万元/km，仍为南方区域最高。南方电网分子公司 10kV 及以下架空线路造价控制线如表 2-13 所示。

表 2-13　　南方电网分子公司 10kV 及以下架空线路造价控制线　　单位：万元/km

架空线路截面积（mm^2）			本体工程费（不含价差）					静态投资				
			广东	广西	云南	贵州	海南	广东	广西	云南	贵州	海南
10kV	小截面积	95 及以下	39.9	17.6	19.8	17.8	23.3	45.7	20.7	22.6	21.3	30.0
	中截面积	95 以上～150（含）	42.8	22.6	23.5	18.3	23.6	49.4	27.0	27.6	22.0	30.5
	大截面积	150 以上	58.5	32.2	31.7	31.2	31.9	66.6	38.3	38.5	37.4	38.5
1kV 及以下	综合截面，单线		7.0	4.1	4.8	4.1	6.4	8.1	4.8	5.6	4.9	7.6

注　1. 架空线路工程包含土石方工程、基础工程、杆塔组立、导线架设、柱上开关、接地装置及主材等的费用。
2. 10kV 及以上工程指标均为单回路指标，1kV 及以下工程为单线指标。

2.4.2.3　电缆线路工程造价

2020 年南方电网有限公司各分子公司 10kV 电缆线路造价中，广东省电缆线路本体工程费不含价差（安装工程费＋设备购置费）为 35.2 万～72.7 万元/km；1kV 及以下电缆线路造价中广东省架空线路本体工程费不含价差（安装工程费＋设备购置费）为 25.0 万～65.9 万元/km；10kV 电缆线路造价中广东省电缆线路静态投资为 44.5 万～86.1 万元/km；1kV 及以下架空线路造价中广东省电缆线路静态投资为 31.4 万～81.9 万元/km。南方电网分子公司 10kV 及以下电缆线路造价控制线如表 2-14 所示。

表 2-14　　南方电网分子公司 10kV 及以下电缆线路造价控制线（安装工程部分）　　单位：万元/km

电缆线路截面积（mm²）			本体工程费不含价差（安装工程费+设备购置费）					静态投资				
			广东	广西	云南	贵州	海南	广东	广西	云南	贵州	海南
10kV	小截面积	3×120及以下	35.2	35.0	—	40.0	35.4	44.5	40.7	—	47.9	41.6
	中截面积	3×120～3×240	63.3	58.5	—	78.7	53.4	78.6	69.2	—	93.6	66.1
	大截面积	3×240以上	72.7	71.8	85.8	90.4	65.8	86.1	84.7	99.8	122.8	79.5
1kV及以下	小截面积	4×95及以下	25.0	—	—	—	24.6	31.4	—	—	—	29.6
	中截面积	4×95～4×150	34.8	—	38.0	—	39.8	41.3	—	46.6	—	44.9
	大截面积	4×150以上	65.9	—	—	—	62.5	81.9	—	—	—	74.2

注　电缆线路安装工程包含揭盖盖板、主材及电缆敷设、电缆头、电缆试验、电缆防火措施等内容的费用，不含电缆通道及电缆井费用；不含设备间连接电缆的费用。（均为单回路造价指标）

2.4.2.4　变电站工程造价

2020年南方电网有限公司各分子公司（包括：广东、广西、云南、贵州）220kV新建变电站造价中（以柱式容量为180MVA为例），广东造价略低于广西，明显高于云南造价，高出约21.7%，南方电网分子公司220kV新建变电站造价控制线如表2-15所示、110kV新建变电站造价控制线如表2-16所示。

表 2-15　　南方电网分子公司 220kV 新建变电站造价控制线　单位：元/kVA

单位	主变压器容量（MVA）	配电型式	控制线（本体）	控制线（静态）
南方电网	1×180	柱式	336	425
广东	1×180	柱式	387	490

续表

单位	主变压器容量（MVA）	配电型式	控制线（本体）	控制线（静态）
广西	1×180	柱式	398	513
云南	1×180	柱式	318	400
贵州	1×180	柱式	366	471

注　1. 变电工程本体投资是指静态投资扣除编制期价差、其他费用、基本预备费与特殊项目费用后的投资。

2. 深圳控制线缺项部分，优先采用广东电网公司控制线，仍缺项的，使用南方电网控制线；其他分子公司造价控制线出现缺项的，执行同类型南方电网公司造价控制线。

表 2-16　　南方电网分子公司 110kV 新建变电站造价控制线

单位：元/kVA

单位	主变压器容量（MVA）	配电型式	控制线（本体）	控制线（静态）
南方电网	1×40	柱式	517	674
		GIS	570	699
	1×50	柱式	416	513
		GIS	485	597
广东	1×40	柱式	550	706
	2×63	柱式	287	359
		GIS	320	398
广西	1×50	柱式	534	646
云南	1×50	柱式	460	529
	2×50	柱式	404	476
		GIS	428	500
贵州	1×40	柱式	469	581
		GIS/HGIS	578	709
	1×50	GIS/HGIS	422	498

注　1. 变电工程本体投资是指静态投资扣除编制期价差、其他费用、基本预备费与特殊项目费用后的投资。

2. 深圳控制线缺项部分，优先采用广东电网公司控制线，仍缺项的，使用南网控制线；其他分子公司造价控制线出现缺项的，执行同类型南方电网公司造价控制线。

2.5 粤港澳大湾区电价水平

2.5.1 上网电价

2.5.1.1 煤电上网价格

2020年全国煤电上网电价平均为0.366 4元/kWh，比2019年的价格水平降低0.008 0元/kWh。2020年广东省煤电上网基准价为0.453 0元/kWh（珠三角地区煤电上网基准价与广东省一致），比2019年价格增加0.012元/kWh，是全国煤电基准价最高的地区之一。

2.5.1.2 气电上网价格

依据《关于调整我省天然气发电上网电价的通知》（粤发改价格〔2020〕284号），2020年广东省天然气发电上网电价主要由天然气发电机组类型和利用小时数决定，并且使用澳大利亚进口合约天然气的LNG电厂的上网电价统一每千瓦时降低0.049元。2020年广东省气电上网价格如表2-17所示。

表2-17　　2020年广东省气电上网价格　　单位：元/kWh

机组分类	年利用小时（h）	上网电价
9F型及以上机组	3500（含）内	0.605
	3500以上	0.463
9E型机组	4000（含）内	0.63
	4000以上	0.463
6F型及以下机组	5000（含）内	0.64
	5000以上	0.463

2.5.1.3 核电上网价格

依据《关于降低我省部分水电站和核电站上网电价的通知》（粤发改价格函〔2019〕2728号）和《国家发展改革委关于三代核电首批项目试行上

网电价的通知》（自投产之日起至 2021 年底止执行）相关规定。2020 年珠三角核电机组上网价格如表 2 - 18 所示。

表 2 - 18　　2020 年珠三角核电机组上网价格　　单位：元/kWh

序号	核电站	核电站 - 机组	运营商	投运年份	上网电价
1	大亚湾	大亚湾 - 1	中广核	1994	0.405 6
2	大亚湾	大亚湾 - 2	中广核	1994	0.405 6
3	岭澳	岭澳 - 1	中广核	2002	0.414 3
4	岭澳	岭澳 - 2	中广核	2003	0.414 3
5	岭东	岭东 - 1	中广核	2010	0.415 3
6	岭东	岭东 - 2	中广核	2011	0.415 3
7	阳江	阳江 - 1	中广核	2014	0.415 3
8	阳江	阳江 - 2	中广核	2015	0.415 3
9	阳江	阳江 - 3	中广核	2016	0.415 3
10	阳江	阳江 - 4	中广核	2017	0.415 3
11	阳江	阳江 - 5	中广核	2018	0.415 3
12	阳江	阳江 - 6	中广核	2019	0.415 3
13	台山	台山 - 1	中广核	2018	0.435 0
14	台山	台山 - 2	中广核	2019	0.435 0

2.5.1.4　光伏上网价格

珠三角地区属于太阳能 III 类资源区，2020 年集中式光伏上网标杆电价为 0.49 元/kWh，较 2019 年下降 0.06 元/kWh。光伏分布式发电度电补贴为 0.08 元/kWh，较 2019 年下降 0.1 元/kWh。

2.5.1.5　风电上网价格

珠三角地区属于风能Ⅳ类资源区，2020 年陆上风电标杆上网电价为 0.47 元/kWh，较 2019 年下降 0.05 元/kWh。近海海上风电标杆上网电价 0.75 元/kWh，较 2019 年下降 0.05 元/kWh。

2.5.2　输配电价

2020 年广东省按照《关于降低我省输配电价的通知》（粤发改价格函

〔2019〕2729号）相关要求执行。具体输配电价如表2-19、表2-20所示。

表2-19　广东省电网各价区输配电价表（不含深圳市）

价区	用电分类	电度电价（元/kWh）					基本电价	
		不满1kV	10（20）kV	35kV	110kV	220kV	变压器容量［元/（kVA·月）］	最大需量［元/（kW·月）］
珠三角5市	大工业用电		0.137 1	0.112 1	0.112 1	0.087 1	23	32
	一般工商业用电	0.234 4	0.209 4	0.184 4	0.184 4	0.184 4		
江门市	大工业用电		0.137 1	0.112 1	0.112 1	0.087 1	23	32
	一般工商业用电	0.220 4	0.195 4	0.170 4	0.170 4	0.170 4		
惠州市	大工业用电		0.107 7	0.082 7	0.082 7	0.057 7	23	32
	一般工商业用电	0.217 4	0.192 4	0.167 4	0.167 4	0.167 4		
东西两翼地区	大工业用电		0.049 4	0.024 4	0.024 4	－0.000 6	23	32
	一般工商业用电	0.152 1	0.127 1	0.102 1	0.102 1	0.102 1		
粤北山区	大工业用电		－0.001 6	－0.026 6	－0.026 6	－0.051 6	23	32
	一般工商业用电	0.114 1	0.089 1	0.064 1	0.064 1	0.064 1		

注　1. 表中电价含增值税、线损和交叉补贴，不含政府性基金及附加。

2. 2017—2019年广东电网公司和广州供电局的综合线损率按4.53%计算，实际运行中线损率超过4.53%带来的风险由电力公司承担，低于4.53%带来的收益由电网公司和电力用户各分享50%。

3. 珠三角5市包括广州、珠海、佛山、中山和东莞市；江门市的恩平市、台山市、开平市执行东西两翼地区的标准；东西两翼地区包括汕头、潮州、揭阳、汕尾、湛江、茂名、阳江、肇庆和江门市的恩平、台山、开平市；粤北山区包括韶关、清远、梅州、河源和云浮市。

4. 为促进我省"东西北地区振兴发展"，经过历次电价调整和安排，我省目前珠三角地区的销售电价最高、东西两翼地区次之、粤北山区的销售电价最低，各区域存在珠三角地区用户在电价上补贴粤东西北地区用户的情况，因此考虑交叉补贴因素后的输配电价同样存在珠三角地区高，东西两翼地区次之，粤北山区最低的情况，粤北山区大工业用电等由于其应缴纳的输配电价标准低于享受的交叉补贴标准，计算交叉补贴后的输配电价标准为负数。

5. 2020年9月30日，国家发改委正式发布了经核定的2020—2022年省级电网输配电价（发改价格规〔2020〕1508号），于2021年1月1日起执行。

数据来源：广东省发展改革委

表 2-20　　　深圳市输配电价表

用电类别			基本电价		电度电价（元/kWh）				
			变压器容量［元/(kVA·月)］	最大需量［元/(kW·月)］	10kV 高供高计	10kV 高供高计（380V/220V 计量）	20kV	110kV	220kV 及以上
大量工商业及其他用电（101～3000kVA）	每月每千伏安用电	250kWh 及以下	22	54	0.180 4	0.205 4	0.174 4	0.155 4	0.130 4
		250kWh 以上			0.160 4	0.185 4	0.154 4	0.135 4	0.110 4
高需求工商业及其他用电（3001kVA 及以上）	每月每千瓦用电	400kWh 及以下	32	42	0.130 4	0.155 4	0.124 4	0.105 4	0.080 4
		400kWh 以上			0.110 4	0.135 4	0.104 4	0.085 4	0.060 4
普通工商业及其他						0.238 5			

注　1. 上述输配电价含增值税、线损和交叉补贴，不含政府性基金及附加。
　　2. 3001kVA 及以上的工商业用户可选择执行大量用电或高需求用电类别。

数据来源：广东省发展改革委

2.5.3　销售电价

2020 年珠三角地区居民电价仍然保持不变，大工业电价、一般工商业电度电价、稻田排灌、脱粒电度电价、农业生产电度电价等按照《广东省发展改革委关于降低我省一般工商业电价有关事项的通知》（粤发改价格〔2019〕191 号）相关规定执行，其中珠三角广州、珠海、佛山、中山、东莞等五市电价目录如表 2-21 所示。

表 2-21　　2020 年珠三角五市电价价目（2019 年 7 月 1 日执行）

单位：分/kWh（含税）

用电分类		基础（平价）电价	低谷电价	高峰电价
一、大工业			—	
（一）基本电价	变压器容量[元/(kVA·月)]		23.00	
	最大需量[元/(kW·月)]		32.00	

续表

用　电　分　类		基础（平价）电价	低谷电价	高峰电价
（二）电度电价	1～10kV	61.04	30.52	100.72
	20kV	60.72	30.36	100.19
	35～110kV	58.54	29.27	96.59
	220kV及以上	56.04	28.02	92.47
二、一般工商业电度电价	不满1kV	67.25	33.63	110.96
	1～10kV	64.75	32.38	106.84
	20kV	64.34	32.17	106.16
	35kV及以上	62.25	31.13	102.71
	广州、佛山市地铁电价	57.55	—	—
稻田排灌、脱粒电度电价		38.11	—	—
农业生产电度电价		62.71	—	—

注　1. 本价目表执行范围为广州、珠海、佛山、中山、东莞五市城乡地区。

2. 一般工商业用电的峰谷电价执行范围仅限于原普通工业专变用户。

3. 上述电价不含各项政府性基金及附加，各类用户除按上述电价标准支付电费外，还应按照财政部门的相关规定缴纳政府性基金及附加。

数据来源：广东省发展改革委

第 3 章

粤港澳大湾区电力技术创新与机制创新

3.1 电力技术创新

3.1.1 绿色低碳的清洁发电技术

（1）海上风电。广东沿海风电资源较为丰富，具备规模化发展潜力。大力发展海上风电是广东优化能源结构，实现能源转型升级的重要举措之一。根据《广东省海上风电发展规划（2017—2030年）（修编）》（粤发改能新〔2018〕193号），全省规划海上风电总装机容量6685万kW。截至2020年12月底，随着广东省珠海市金湾区海上风电场成功并网发电，广东海上风电并网接入总容量全年突破100万kW（其中珠三角29万kW），较2019年并网投产容量增长近两倍。目前广东海上风电在建装机容量超过700万kW，位居全国之首，预计到2021年底，海上风电总装机容量将达到440万kW。随着海上风电逐渐向深海远海发展，技术难度也在不断提高。2020年广东促进经济发展专项中首个海上风电柔性直流送出课题“远海岸风电送出关键技术及装备研究”项目通过广东省自然资源厅验收，项目研究完整涵盖了远海岸风电送出方式、海上柔性直流控保系统、海上平台型柔性直流成套设计方案、远海风电并网仿真试验技术、紧凑型柔性直流换流阀及控制保护样机研制等研究任务。项目突破了我国近海深水区和深远海区域海上风电送出的技术瓶颈，首次掌握了远海岸风电送出关键技术，形成了相关核心装备研发和集成供货能力，奠定了广东省在远海风电接入技术及成套装备的技术领先优势。

（2）清洁燃煤发电。广东省按照保证安全、因地制宜、循序渐进严控煤电发展的要求，强化煤电在现代能源体系中对电力安全供应的托底保障作用，提升煤电清洁高效水平和灵活调节能力。2020年8月，广东华夏阳西电厂（2×124万kW）工程6号机组，顺利完成168h满负荷试运行，至此世界首个124万kW高效超超临界火电机组全面建成投产。该项目是目前国内已投产机组中单轴全速单机容量最大、蒸汽参数最高、单位发电煤耗最

低、单位污染排放量最少的高效超超临界燃煤机组，是绿色火电标杆示范工程，是安全、环保、能效等指标均处于火电机组世界最高水平，为大湾区电力清洁低碳发展提供重要技术支持。

（3）核能发电。在核能技术领域，广东对接国家高水平创新基地，布局建设了一批重大科技基础设施和高水平科技创新平台。其中，中国（东莞）散裂中子源、惠州加速器驱动嬗变系统研究装置和强流重离子加速器装置、江门中微子实验基地等世界级重大科学装置相继落户于粤港澳大湾区。这一系列工作不仅使粤港澳大湾区向建设成为国家科技基础设施重要集聚地迈进，还大大提高了自主创新能力，推动产业结构的转型升级。在核能发电装机方面，截至 2020 年，广东核电装机容量达到 1614 万 kW，占全国总核电装机容量的 32.3％，居全国之首。

3.1.2　安全高效的智能输变电技术

（1）特高压多端柔性直流输电。2020 年 12 月 25 日，南方电网有限公司提前半年全面建成投产世界首个±800kV 特高压柔性直流工程——乌东德水电站送电广东广西特高压多端柔性直流示范工程，简称“昆柳龙直流工程”，该工程横跨云南、贵州、广西、广东四省区，全长 1452km，广东受端换流站在珠三角地区的惠州市内。昆柳龙直流工程把世界第七大水电站——乌东德水电站丰沛的水电源源不断送抵粤港澳大湾区电力负荷中心，为粤港澳大湾区注入强劲的绿色动能，为粤港澳大湾区用电需求奠定坚实基础。昆柳龙直流工程在攻克“卡脖子”难题中形成了自主知识产权体系，关键设备器件实现了国产化和对进口产品的全场景替代，引领全球特高压技术进入柔性直流时代，进一步扩大了我国在特高压领域的领先优势。

（2）输电线路智能运维。南方电网公司已基本实现重要输电线路的直升机、无人机巡检全覆盖。但是随着禁飞区域的划定，部分地区无人机不能使用，巡线只能回到原始的双腿模式，智能巡检机器人的“上线”则解决了这一问题。架空智能巡检机器人系统由巡检机器人、太阳能充电基站、微气象系统等组成，利用两只外延的滑轮在地线上悬挂移动，可以越过铁塔连接处，实现全线无障碍。2020年11月，超高压广州局将一批架空输电线路智能巡检机器人顺利挂载上牛从直流线，运维人员每天只需打开电脑里的机器人后台管理系统，就能实时了解塔体，塔基、导地线、金具及附属物运行状态，实时分析诊断，真正实现“看得见、盯得牢、防得住”的输电线路安全管理，为输电线路安全运维构筑立体防线，大大提高了线路运维的安全性、时效性和精准性，对提高电网智能化水平、保障电网安全运行具有重要意义。架空输电线路智能巡检机器人功能展示如图3-1所示。

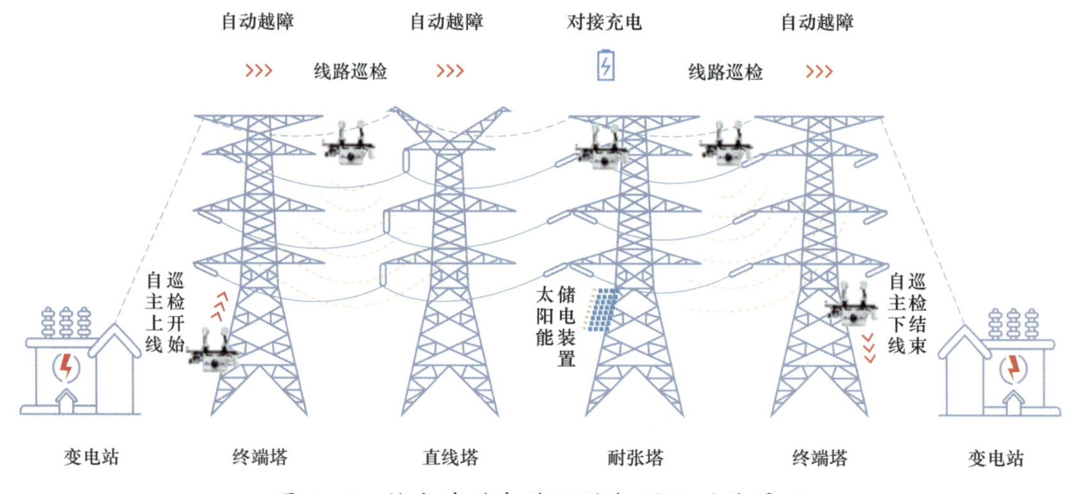

图3-1　输电线路智能巡检机器人功能展示

（3）电缆隧道智能巡检。深圳供电局在前海电缆隧道建立智能监控系统，该系统由可提供数据的现场智能设备和具备分析功能的后台监控系统组成，其中现场智能设备包括280套拥有智能算法的摄像机，252套气体、烟感、水位等各类传感器，以及终端红外测温设备和接地电流在线监测设备，可实现线路智能巡检、隧道环境实时预警、人脸和安全帽识别、隧道内人员运动轨迹跟踪等功能。深圳供电局工作人员利用后台监控系统，能全方位、智能化地巡检前海电缆隧道，从而降低人力资源成本，将全程巡检由原来的人工24h转变为智能巡检2h，效率提升了12倍。在珠海供电局在横琴岛投运总长约22km的电力隧道内，应用智能机器人巡检系统，开展隧道综合状

态监测、电缆测温、防外力破坏监测等巡检作业，开启了国内电缆隧道“机巡＋人巡”新模式。

(4) 智能变电站。2020 年深圳供电局完成了 500kV 鹏城变电站智能化改造，构建了智能巡视、智能操作、智能安全等智慧应用场景。全站设备设施数据可自动采集、自动获取、传输共享、灵活应用，实现变电站设备状态全实时、无死角监测。机器对人工的替代率接近 100%，平均每月可节省设备操作工作量 51.2h，节省巡视维护工作量 120h。惠州供电局投运了广东电网首个地市调度端程序化操作系统，该系统能在 35～500kV 电压等级内实现一键式全过程自动下令及自动控制的调度程序化操作，通过五防、逻辑、状态、潮流等安全智能防误校核，结合断路器、隔离开关调控端常态化遥控操作，有效解决了调控员超负荷操作的问题，实现操作效率、人力资源利用及操作安全的三提升。

(5) 灾害智能感知体系。2020 年广东电网公司构建了融合气象信息、卫星遥感、监测数据、设备信息、巡视信息等多源信息的输电线路灾害风险感知体系，构建灾害智能感知网络，实现输电线路台风、地质灾害、雷电等灾害监测与预警，提升输电线路的防灾抗灾救灾能力。

3.1.3 灵活可靠的智能配电技术

(1) 配电网故障自愈。2020 年广东电网公司不断提高配电自动化覆盖率和实用化水平，统筹开展差异化、基于馈线组，以故障自愈为方向的馈线自动化建设，推进完善网架结构，实现自动化布点充足合理，线路用户分段均衡，故障快速定位、故障自动隔离和网络重构自愈。完善配电自动化主站终端接入功能，切实提升配电自动化有效覆盖率和实用化水平，全面推进以故障自愈为方向的配电自动化建设，有效实现配电网状态监测、故障快速定位、故障自动隔离和网络重构自愈。广东中山建成双策略智能分布式配电自动化系统，配电网故障实现毫秒级复电；广东东莞配电网自动化主站 D5200 系统上线运行，实现 1min 内故障定位，转供电操作缩短至 5min，大幅度缩短用户停电时间；广东金融高新区42回10kV线路实现“主站+就地式自愈”功能，供电可靠率达99.999 8%；广州越秀全区实现馈线自愈100%覆盖，实现停电故障处理全过程自动控制，提高快速复电效率90%以上，用户年平均停电时间降至7.1min，较2018年的53min下降87%，大幅减少停电对用户的影响。

（2）5G配电网差动保护。差动保护的应用需将线路两侧数据进行比对，依赖于通信传输通道。经过多年建设，电力主网已使用光纤直接连接实现差动保护的覆盖应用，但35kV以下配电网络，由于点多面广等客观原因，一直无法大规模地推广应用。因此，配电网要实现差动保护的突破，最重要就是通信手段升级。而5G低时延、高带宽和广连接三大特性，正好可以解决此问题。凭借10～20ms的超低延时，5G网络可以代替光纤，精确运用差动保护技术快速隔离故障点，将故障隔离时间从秒级升级到毫秒级，最大限度保障了用户用电需求，同时也显著提升配电网管理效率。2020年南方电网有限公司参与的国家新基建重点项目“面向智能电网的5G新技术规模化应用”取得突破性进展，实现了5G授时CPE与配电网差动保护成功联调，标志着全球首款5G配电网差动保护装置在深圳成功试商用，为5G智能电网建设奠定了坚实基础。

（3）智能微电网。广东电网公司统筹利用区域分布式能源资源，充分评估能源资源、负荷特性和电网条件，因地制宜建设多模式微网，解决海岛和偏远地区供电问题，提高电网薄弱地区供电质量，提供高可靠性区域优质的电力服务。推进微电网在不同场景的应用。建成了广州南沙城市高可靠性的微电网，保障重要用户不间断供电，具备黑启动能力，可实现重要负荷灾后快速恢复供电。建成南澳岛、桂山岛、东澳岛等海岛的微电网，构建海岛多能互补系统，利用微网能源管理系统实现光储柴联合发电、配电管理和用电管理等功能。

（4）配电网柔性化。传统配电网无法高效调控电网潮流，不能充分满足自适应功率电压调节、分布式电源大规模接入等运行需求。2020年底，在佛山市高明区建成并投运首个应用于现有配电网的柔性多状态开关示范工

程，填补了配电网潮流柔性控制的技术空白，支撑该区域建成南方区域首个主站全覆盖的智能化高可靠供电示范区。该示范工程利用柔性多状态开关技术，实现自适应调节电压功率特性，有效降低大工业冲击性负荷导致的线路电压波动影响，保障精密仪器制造等重要性、敏感性负荷供电质量。通过自动识别配电网运行状态，实时调控电网潮流方向，满足分布式电源大规模接入和消纳需求；通过柔性分配关联线路负荷分布，化解电压不平衡等不稳定因素，降低线路损耗，综合线损降幅达到 20%；通过融合主站自愈技术，在示范区域实现故障自愈时间小于 120ms，供电可靠率超过 99.999%。佛山高明区三端柔性开关应用示意图如图 3-2 所示。

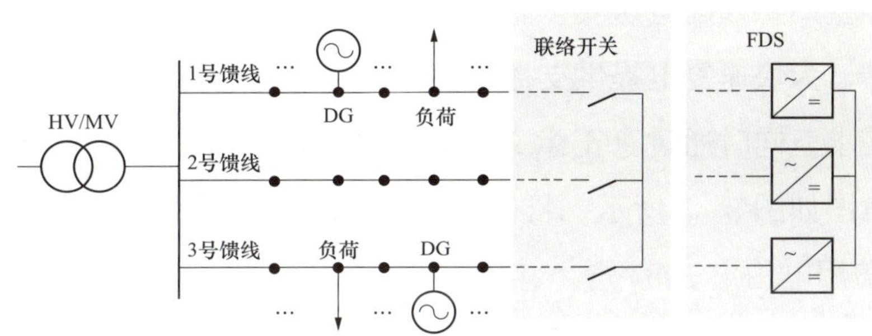

图 3-2　三端柔性多状态开关应用示意图

（5）智能电缆测控系统。由于电缆深藏地下，行业内始终缺乏可靠的测控手段，电缆运维管理一直以来是配电网运维的难点。2020 年 6 月，世界首个 10kV 智能电缆测控系统在深圳宝安滨海公园投运。深圳供电局在不改变原有电网结构的基础上，对电缆测控技术进行智能升级，历时三年研发出该系统，解决了电缆运维管理存在的困难，提升了电缆利用效率及运行可靠性。该项技术打破将传感器附着于电缆的表面或填充层内的传统，将光纤植入电缆导体内直接探测电缆状态，保证了采集数据的真实性和准确性。借助数据挖潜功能，能够准确掌握运行电缆的负荷情况，主动进行区域负荷调配及准确定位缺陷，为运维人员预防故障提供决策依据。该系统实现电缆老化进程可视化，便于运维人员对每条电缆进行全生命周期评估，科学评价电缆的退役报废年限，为电缆管理创造更大价值。

3.1.4 开放互动的智能用电技术

（1）智慧能源网关。2020年深圳供电局的科技项目“基于IEC 62056通信协议的智慧能源网关产品设计及试点应用”通过验收评审，这是目前市场上首款集四大功能（配变监测计量终端、配电一体化终端、集中器和三相多功能电能表功能）于一体的智慧能源网关，可实现现场设备一体化管理。智慧能源网关是集成电能计量、双向通信、能源管理等功能的新型智能电能表，也是智能电网在用户侧的延伸，能够获得更加精细的用能数据，提供用电行为感知、漏电告警等服务，帮助用户节能降耗和用能精细化管理。智慧能源网关能主动感知配电房安全隐患及用电情况，快速定位故障点并主动上报停电事件，为快速复电提供支撑，还可满足电力现货市场实时交易分钟电量冻结等需求。同时通过真正意义上的多表集抄、负荷分解与辨识等功能，其应用示意图如图3-3所示。目前，该网关已在深圳市16个台区试点应用93只，覆盖用电用户3955户。

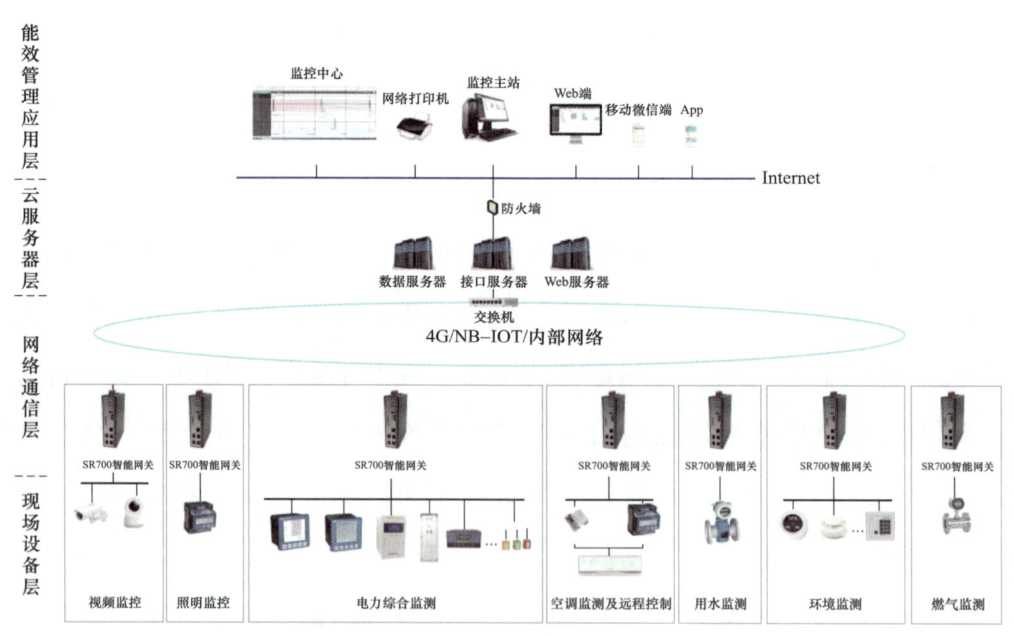

图3-3 智慧能源网关应用示意图

（2）精准计量计费。深圳供电局以客户服务满意为出发点，深入挖掘用户潜在需求和问题，及时推出专项解决方案，以更加专业、贴心的电力服务，为用户营造良好的用电环境。在电能计量方面，推进完善计量装置全生命周期管理体系，开展供货质量约谈、装置质量跟踪、在运行抽检等专项工作，编制质量分析报告，及时发现和处理 9 批次存在质量问题的计量装置，切实保障用户的利益，电能计量故障差错率 0.03%。

（3）互联网＋电力服务。南方电网有限公司创新客户服务手段，建成上线“南网在线”智慧营业厅，提高互联网业务处理能力，推动线下业务向线上业务引流，持续提升用户办电体验。实现用户办电业务“一次都不跑”，任一时间、任一地点、任一互联网渠道，办理任一业务都能得到一致的体验，稳步推进传统营业厅业务向互联网智能化方向转型，为提升现场服务效率提供技术支撑。2020 年，深圳供电局持续优化用电营商环境，以打造更便捷、更省钱、更透明、更可靠、更智能的“五优服务”为抓手，深入践行“为客户创造价值”的服务理念，高标准提升先行示范区“获得电力”水平，不断满足人民对美好生活的能源电力需求。广州供电局坚持“以客户为中心”，大力解放用户，深入实施“三零三省”优化用电营商环境新举措，以更广泛、更深入、更高效的获得电力改革，开启广州“获得电力”改革 3.0 时代，助力广州用电营商环境迈进世界一流水平。

（4）四网融合、多表集抄。广州市政府结合老旧小区改造，在越秀梅花村、荔湾永庆坊片区等老旧小区，开展“四网融合”改造试点，建设方案被列为国家住建部微改造示范项目。广州、深圳等地已试点开展多表集抄，实现超过 6400 户用户水、电、气表数据接入。

3.1.5　智慧能源与能源互联网

（1）“互联网”＋智慧能源。广东电网公司积极推进智慧能源与能源互联网发展，推动社会能效有效提升。建成广东珠海“支持能源消费革命的城市——园区双级‘互联网’＋智慧能源示范项目”、广州“面向特大城市电网能源互联网示范项目”两个国家级能源互联网示范项目。建设运营广州超算中心、东莞松山湖等一批综合能源示范项目，建筑节能服务面积近600万m^2、托管电量5.2亿kWh。广州供电局牵头开展了国家重点研发计划“工业园区多元用户互动的配用电系统关键技术研究与示范”项目，实现广州明珠工业园冷/热/电/气等能源的综合监视、能耗分析、协调控制，削减峰值负荷达到20%。

（2）虚拟电厂。2020年10月，全国首套自动化虚拟电厂系统在深圳供电局110kV投控变电站投入试运行，为大城市突破土地资源受限瓶颈、提升电力工业发展潜力提供新思路。深圳供电局针对电力资源并入电网可能造成的电网负荷峰谷差拉大、电能质量降低、电力输送通道过载等问题开发了该系统。该系统由虚拟电厂运营管理软件平台及多台智能终端设备构成，其装置占地不足1m^2，采用了测量、通信、数学优化、协同控制等技术及数字化电网架构实现了虚拟电厂的自动化聚合解聚功能。通过近2年时间的实地调研及软硬件研制，解决了对分布式电源、可控负荷和储能的快速协同优化及自动调控，发挥出与大型电厂等效的调峰、电压控制等功能，促进电网与用户间的电力供需平衡，保障电网平稳运行和用户可靠用电。深圳虚拟电厂示范开发与建设项目示意如图3-4所示。

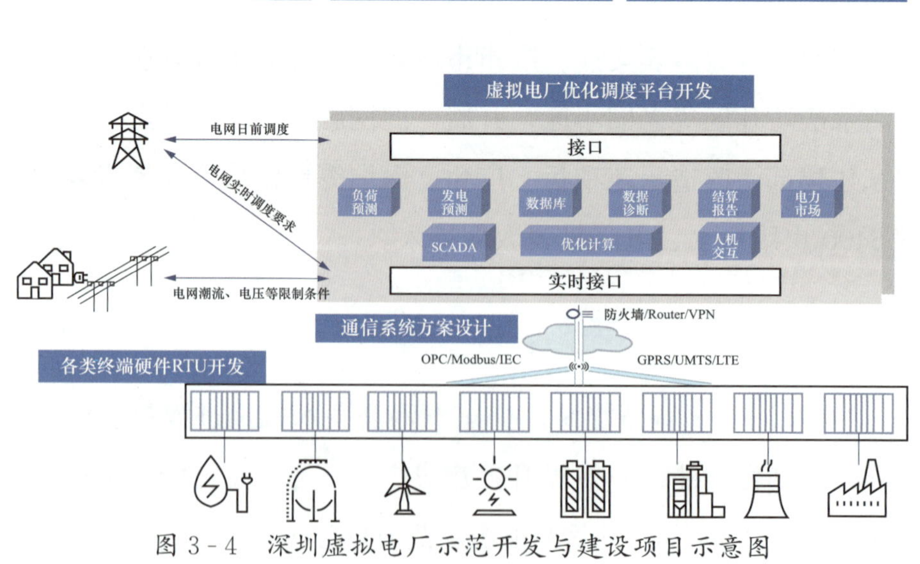

图3-4 深圳虚拟电厂示范开发与建设项目示意图

3.2　电力数字化转型

3.2.1　数字技术平台建设

（1）南网公有云平台。2020 年 12 月，南网公有云平台正式投运，这是南方电网有限公司数字电网建设继 2019 年 7 月南网私有云上线后的又一个重要里程碑。南网公有云平台作为承载南方电网有限公司面向政府服务及行业应用的载体，致力服务于产业链上下游企业，打造数字经济新业态。南方电网有限公司紧紧把握国家“新基建”的历史机遇，跨越物理电网边界，通过南网公有云平台向电力行业企业输送电力即算力的服务，赋能电力能源行业，实现电网能力向产业链上下游，能源链上下游，以及电力数据链上下游的延伸。推动与数字政府的互联互通，建立向政府和社会提供公共服务的能力，打造数字经济新业态与新的经济增长点。南网公有云平台按照“技术先进、开放合作；专业运营、逐步拓展；加强管控、严守底线”的工作原则，对标国内外先进公有云服务商，融合先进技术建设而成，将私有云的电力业务与电力数据优势释放到能源产业链上下游，提升社会电力获得感，并践行国家能源战略，支撑数字中国建设，打造具有电力行业特色的公有云平台生态。南网云平台结构示意如图 3-5 所示。

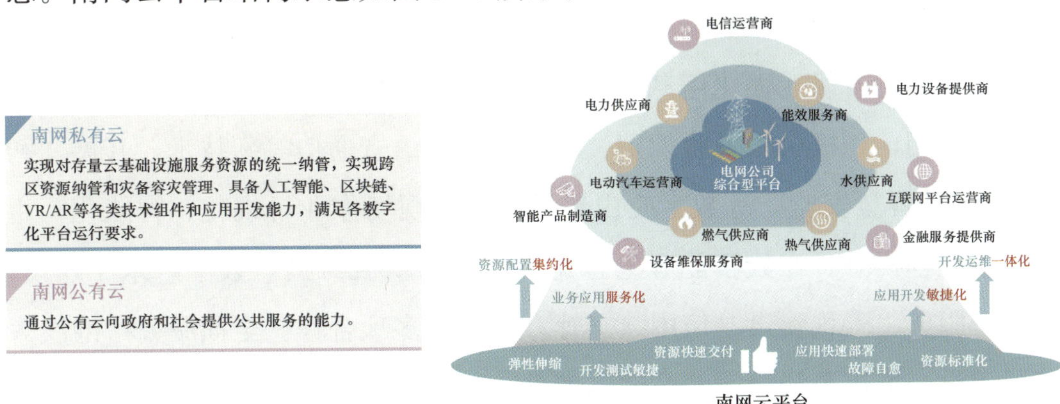

图 3-5　南网云平台结构示意图

（2）互联网客户服务平台。广东电网有限公司率先上线运行南方电网有限公司互联网客户服务平台。该平台建设充分运用云计算微服务技术，基于南方电网有限公司统一数字电网模型，推进大数据和人工智能技术与业务的深度融合，通过引入人工智能，人脸识别、电子签章等技术，进一步优化业务流程，精简办电资料，提升用户体验。平台业务优化升级后功能增加30%，功能优化50%，实现所有用电业务办理“一次都不跑”，助力优化电力营商环境。

（3）电网企业信息化平台。广东电网公司全面承接“数字南网”试点建设任务，率先建成南网云分中心、省级人工智能开放共享平台、实现公司IT资源集中管控和优化配置，实现31项人工智能服务组件的统筹发布和共享，支撑公司各类业务创新应用的快速构建和迭代升级。开展数据资产运营管控平台建设，围绕数据“采、存、管、用”四大环节，建立数据资产“管理”“应用”“监控”分立的管理架构。率先上线互联网统一服务平台，提升营销精细化水平，助力优化营商环境。率先上线省级运营管控平台，稳步推进指标数据全面“进系统”，系统中指标直采率达到84.5%。

3.2.2 数字电网运营技术

（1）数字电网和数字能源生态。广东电网公司持续推动数字化转型实践，推进先进数字技术与业务融合，服务广东数字经济发展和粤港澳数字大湾区融合创新发展。在数字电网建设方面，贯通业务主线，对输配电设备开展智能化改造升级，强化信息广泛互联、深度采集。加大数字化技术在基层一线的应用，积极引入人脸识别、实时监控、语音通信等新技术。开展“智慧工地”“智慧安监”等数字应用建设，实现现场作业可视化、智能化，生产效率大幅提升。在数字能源生态建设方面，积极对接“数字广东”建设，在客户服务、工程建设、信用数据等方面开展多项合作。全面服务粤港澳大湾区建设，推进粤港澳大湾区“多表合一”“多网融合”。围绕电动汽车、微电网、用户整体能源解决方案等业务，构建综合能源服务平台。

（2）与政府数据的共享共用。基于政务数据简化供电业务办理，简化供电业务办理，实现让数据多跑路、用户一次都不跑。依托大数据技术监测，对企业用电情况精准“画像”。在新冠肺炎疫情期间，客观及时反映复工复产，有效助力政府部门联防联控、精准施策，企业科学防疫、有序复工。广东电网公司完成了互联网客户服务平台与政务服务、粤省事、粤商通对接。深圳供电局实现了电力数据与数字政府 11 类政务数据的资源共享和服务应用。广州供电局在全国率先上线电水气外线工程并联审批、低压非居民用户电力外线工程行政免审批平台，实现电水气公共服务联办。

（3）“5G＋智能电网”应用。深圳供电局打造全国“5G＋智能电网”应用先行示范样板，积极探索“5G＋全栈国产化＋智能电网”各类应用场景。在变电领域，实现基于 5G、机器人和无人机协同作业的智能巡视、智能操作及智能安全，大大提升了工作效率。在输电领域，以“5G＋智慧输电”为切入点，解决输电线路设备状态数据采集难、管理难、传输难等问题。在配电领域，完成了基于 5G 网络的配电差动保护业务外场测试。在用电领域，积极探索基于 5G 的高级计量，通过采用嵌入式通信模组方式将电表直抄、集中器集抄业务接入 5G 进行测试，提升了客户服务能力。在大力推进“智慧营业厅”和“智能客服”方面，营业厅服务效率提升多倍，客户服务效率大幅提高，客户服务质量提升 30％。

（4）机巡作业大数据云计算处理平台。广东电网公司与南方电网数字电网研究院在可见光三维建模技术领域联合取得重大技术突破，推出南方电网首个机巡作业大数据云计算处理平台，飞行图片峰值处理能力达 6 万张/天，覆盖线路约 100km/天，效率较人工建模提升约 200 倍。广东电网公司自 2015 年成立机巡中心以来，一直致力于高压输电线路可见光三维建模技术研发。2019 年初步实现主网输电导线和铁塔模型 60％～80％的三维还原。自 2020 年云计算平台上线后，从根本上扭转了海量数据分散传输处理的繁琐低效，摆脱了对价格高昂的专用设备的依赖。原来 30 万～80 万元一台的多旋翼激光雷达无人机，可用 0.6 万～3 万元的普通可见光无人机替代，大幅节省设备成本支出。云计算平台大幅提高影相处理和建模效率，截至2020年4月底，云计算平台已投运4个计算节点、40TB存储能力，峰值处理能力6万张/天，数据处理能力由平台上线前的10km线路20天成图，提升至100km线路1天成图。

（5）更智能、更环保的能源管理。香港中电推出的smart energy connect（SEC），是亚洲首个能源管理应用产品的在线平台。该平台提供一系列创新、实用的应用程序，帮助供电区内企业和机构以更环保及智能的方式管理能源用量。2020年中电投资R&B公司，加强能源管理合作，利用R&B的人工智能及数据分析技术，帮助中电用户找出有潜在问题及表现欠佳的设备，从而改善分布在不同工作地点的能源资产的管理。让香港与区内的老化楼宇受惠于人工智能解决方案，以具成本效益的方式主动管理楼宇状况等。旨在为用户提供更多更智能、更环保的能源管理技术，提供创新的数字化能源技术。

3.3 电力市场化交易

3.3.1 电能量市场

当前我国电力市场交易产品主要以电能量为主，包括中长期市场和现货市场。其中，中长期市场交易品种包括年、季、月、周电能量交易。南方（以广东起步）现货市场包括日前、实时两级市场，已进入试结算运行阶段。共有两家电力交易机构设立在珠三角地区，分别为广州电力交易中心和广东电力交易中心。广州电力交易中心是区域电力交易市场平台，不以盈利为目的，主要负责落实国家西电东送战略，落实国家指令性计划、地方政府间框架协议，开展跨区跨省市场化交易，促进省间余缺调剂和清洁能源消纳，逐步推进南方区域市场融合。广东电力交易中心是广东省电力市场业务的组织实施机构，履行电力市场交易管理职能，同样不以盈利为目的，在政府监管

下为市场主体提供规范、公开、透明的电力交易服务。

2020 年，广东中长期电力市场累计交易电量 2716 亿 kWh，占全社会用电量比重为 36.1%。广东 2020 年中长期电力市场采用价差机制，即发电侧市场成交价为市场价格与基准价之差；用户侧市场成交价为市场价格与销售目录电价之差。一级市场总成交电量 2501 亿 kWh，同比增长 28.3%，平均成交价差－4.57 分/kWh，其中双边协商交易累计成交电量 2110 亿 kWh，同比增长 78.1%，平均价差－4.71 分/kWh；年度合同电量集中交易成交电量 46.7 亿 kWh，同比减少 76.5%，平均价差－4.72 分/kWh；月度集中竞争交易，累计成交电量 326.4 亿 kWh，同比减少 42.4%，平均价差－3.42 分/kWh。二级市场（发电合同转让）总成交电量 215 亿 kWh，同比增加 8.0%，成交均价 28.76 分/kWh。8 月现货结算试运行期间，组织 1 轮价差月度双边协商交易，总成交电量 16.96 亿 kWh，平均价差－0.085 元/kWh；组织 1 轮价差月度挂牌交易，总成交电量 1.16 亿 kWh，平均价差－0.121 元/kWh。2020 年广东电力市场中长期市场交易份额如图 3-6 所示。

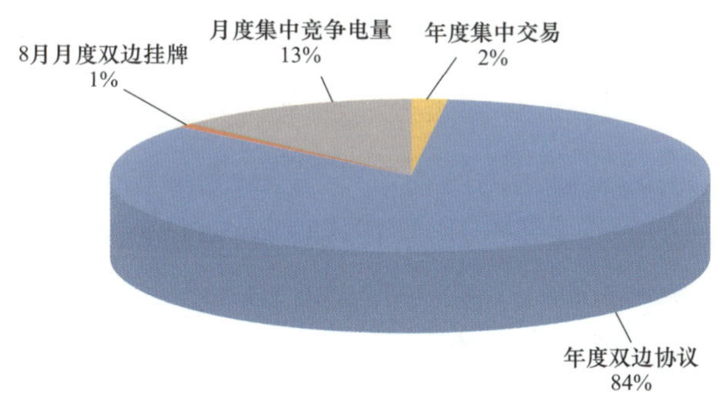

图 3-6　2020 年广东电力市场中长期市场交易份额

数据来源：《广东电力市场 2020 年年度报告》

2020 年底，广东实际参与交易的售电公司共 144 家，其中国有售电公司 36 家，集体售电公司 1 家，民营售电公司 95 家，三资售电公司（中外合资经营企业、中外合作经营企业、外商独资经营企业三类外商投资的售电公司，简称“三资售电公司”）12 家。2020 年，参与交易的电力用户共 21 424 家，其中 21 423 家通过售电公司代理，占 99.99%，电力市场交易活跃。2020 年广东电力市场参与交易的售电公司代理用户及电量情况见表 3-1。

表 3-1　2020 年广东电力市场参与交易的售电公司代理用户及电量情况

售电公司性质	参与交易数量（家）	平均代理户数（家）	平均代理电量（亿 kWh）	代理户数占比（%）	代理电量占比（%）	获利占比（%）
国有	36	227.6	40.1	38.0	58.5	38.5
集体	1	902.0	48.6	4.2	2.0	1.5
民营	95	118.6	9.1	52.3	35.1	54.9
三资	12	99.0	9.2	5.5	4.5	5.1
合计	144	149.6	17.1	100.0	100.0	100.0

注　全年有 122 家用户更换售电公司，因此平均代理户数计算有部分重复。

数据来源：《广东电力市场 2020 年年度报告》

截至 2020 年，珠三角地区电力用户共 17 102 家，占广东省总数的 69.8%，其中东莞、广州、佛山、深圳分列前四位，均超过 2000 家；珠三角售电公司共 413 家，占广东省总数的 88.1%，其中广州、深圳售电公司数量远超其他地市。2020 年珠三角地区电力用户和售电公司市场准入情况如图 3-7 所示。

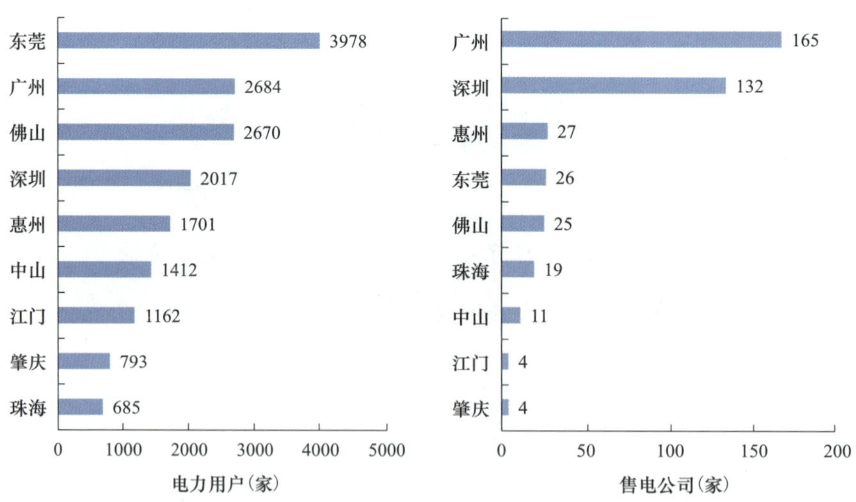

图 3-7　2020 年珠三角地区市场准入情况

数据来源：《广东电力市场 2020 年年度报告》

3.3.2 辅助服务市场

当前我国辅助服务市场交易产品主要以调峰服务为主，与国外成熟电力市场相比，具有鲜明的中国特色，国外成熟电力市场体系中均未设置调峰辅助服务。广东省电力辅助服务市场主要为广东电力调频辅助服务市场，2018 年 9 月 1 日，广东电力调频辅助服务市场正式开始试运行。调频辅助服务主要为解决负荷侧的用电波动。通过发电机自动装置实时调整发电出力，维持电网频率在 50Hz，满足发电侧出力和用户侧负荷的实时平衡，其调节效果通过发电出力调整量来衡量。随着负荷的增长和新能源发电装机比重的快速增加。通过计划手段和调度指令要求发电企业提供调频等辅助服务的潜力和效果愈加有限，发电企业提供调频辅助服务激励不足，亟需建立市场化的电力辅助服务新机制，引导和鼓励发电企业实施性能改造，辅助服务市场化改革势在必行。

广东调频辅助服务是南方区域首个进入市场化交易的辅助服务品种，采取日前报价、日内按小时集中竞价出清的方式，规则中引入了表征机组性能的收益因子，有助于优质的调频资源优先调用，激励市场成员提升调频服务质量。广东电力调频辅助服务市场的建设有效激发了市场主体应用联合储能调频等新技术，积极改善机组调节性能，显著提高系统快速调节能力。同时，通过市场机制积极培育了储能等电力行业新业态，促进了能源技术和经济社会快速发展。

数据显示，在连续两年试运行期间，广东电网频率合格率 100%，市场运行平稳、竞争充分、成效显著。2020 年，广东机组平均调频性能指标约为开市前的 2.4 倍，调频市场累计收益约 16 亿元，正式投运调频储能装置的电厂共计 8 家，占能够参与调频市场的机组比例 7%，同时多家电厂正在开展火储联合调频装置改造。

3.3.3 容量补偿机制

在电力现货市场建设进程中，国内多个试点陆续开展了容量保障机制的探索性实践工作，以待有效引导电源投资，保障电力系统长期容量充裕性，解决发电搁浅成本等问题。

2020年11月，广东省能源局、南方能监局发布了关于征求《广东电力市场容量补偿管理办法（试行，征求意见稿）》等文件意见的函，该办法适用于南方（以广东起步）电力现货市场结算运行期间的容量补偿费用的计算与结算，标志着广东正式开展电力现货市场容量补偿机制建设。广东容量补偿总体思路为根据各机组的有效容量给予合理补偿，补偿价格由政府根据市场运行情况动态调整，费用在用户和售电公司间进行分摊，该机制包括以下几方面内容：

（1）在补偿原则方面，按照容量度电分摊标准按月向售电公司（含直接参与批发市场的大用户，下同）收取容量电费，并根据市场机组有效容量占市场机组总有效容量比例补偿给各类机组。在补偿对象方面，现阶段容量补偿对象为参与广东电力市场化交易并获得与用户侧直接交易资格的省级及以上调度机构调度管理的燃煤、燃气发电机组。在分摊标准方面，售电公司容量度电分摊标准按照广东电力市场化机组投资建设成本及市场运行情况进行测算，由广东能源局会同省价格主管部门核定后执行，可根据市场运行情况进行动态调整。《广东电力现货市场机组发电成本测算办法（试行）》中提到，机组发电成本的组成部分包括启动成本、变动成本和固定成本。现阶段本办法主要明确启动成本、变动成本的测算方法。

（2）在容量电费方面，按照各售电公司当月价差中长期合约外电量及容量度电分摊标准收取容量电费，计算公式为：售电公司容量电费＝售电公司当月价差中长期合约外电量×容量度电分摊标准。另外，售电公司当月价差中长期合约外电量为负时置零。在有效容量确定方面，根据机组检修、非计划停运和阻塞停运等情况，按月计算机组的有效容量。对于已经折旧完成的机组，有效容量在核定值基础上打折，打折系数不超过0.8。

（3）在结算与电费收付方面，容量补偿电费以月度为周期进行结算，由电力交易机构按月出具相关结算依据，各市场主体的容量补偿电费保持与电

网企业的电费结算支付方式不变。

3.4　电力市场与碳市场融合发展

碳市场与电力市场相对独立，形成本质、管理运作等各不相同。但对电力企业来说，发电的同时伴随着碳排放，电力交易与碳交易存在一定关联，二者相互影响，碳交易短期内或将增加电力企业成本，但从长远来看，逐步调整能源布局对于电力行业至关重要，也符合我国低碳绿色转型的发展要求。碳交易将激励发电企业投资更加清洁的电源产业，促进发电企业技术进步，进一步加强节能减排管理。

3.4.1　碳市场交易机构设置

珠三角地区主要碳市场交易机构是广州碳排放权交易中心（简称“广碳所”）。广州碳排放权交易中心的前身为广州环境资源交易所，由广州交易所集团独资成立，致力于搭建“立足广东、服务全国、面向世界”的第三方公共交易服务平台，为企业进行碳排放权交易、排污权交易提供规范的、具有信用保证的服务。广州碳排放权交易中心于 2012 年 9 月正式挂牌成立，是国家级碳交易试点交易所和广东省政府唯一指定的碳排放配额有偿发放及交易平台。

广东碳排放权市场于 2012 年在全国率先启动建设，2013 年 12 月正式运行。截至 2020 年底，广东碳市场已经将占全省碳排放约 65％的钢铁、石化、电力、水泥、航空、造纸等六大行业约 245 家企业纳入碳市场范围，其中包含电力企业 65 家。[1] 2020 年，广东碳市场成交碳排放配额 3303.04 万 t，成交金额 8.46 亿元，分别占全国的 44.44％和 38.62％。截至 2020 年底，广东省碳排放配额累计成交量 1.72 亿 t，累计成交金额 35.61 亿元，位居全

---

[1] 广东省 2020 年度碳排放配额分配实施方案，广东省生态环境厅。

国第一[1]。

3.4.2 电力市场与碳市场发展趋势

由于碳市场排放控制并不要求按照电力现货每日的时间精度同步结算，只要达到一定时间内的排放目标即可，因此碳交易价格不会由于电力短时供需关系或电力现货价格的变化而发生较大变化，价格波动更多体现在长周期尺度。考虑碳排放成本后，高排放的小机组收益下降甚至出现亏损，但也可以通过电力中长期市场中的发电权转让来抵消亏损、甚至增加盈利，大容量火电机组也能获得更高发电权收益，同步实现了电力市场的资源优化配置，从而实现全社会福利最大化的目标。

企业进入碳市场后，可供交易的产品不仅是电力或电量，还包括富余的碳排放配额和自愿减排量。为适应电力现货市场和全国碳市场的发展，发电企业需要思考电力或电量交易与碳交易组合并实现效益最大化。在保证电力供应的同时履行排放配额指标，必要时通过采取电厂技术升级改造、清洁能源发电技术等新技术实现减排目标，这将增加发电企业的技术成本和管理成本，进而影响电力现货市场中的报价行为，对电力现货市场的价格产生一定的影响。

随着碳减排政策的收紧，未来碳排放权将成为稀缺资源，火电发展空间逐渐压缩，碳价将逐步推高火电成本，促使发电企业转向投资新能源。再加上新能源抵消机制的出台（PHCER、CCER等），将大大促进新能源装机的增长。叠加多重因素的影响，电源结构和布局将进一步发生显著变化，需要设计更加灵活的市场机制以促进新能源的消纳。目前，广东电力现货市场中已有较为完备的价格上下限参数机制。而全国碳市场正处于快速起步发展阶段，碳市场的价格水平将直接影响规模大小、流动性强弱等要素，也会影响不同市场间的价格传导效果。

---

[1] 2020年广东省生态环境状况公报，广东省生态环境厅。

第 4 章

粤港澳大湾区电力发展成效

4.1 绿色低碳发展

4.1.1 促进清洁能源生产和消纳

广东电网公司认真贯彻国家关于促进能源结构转型升级的相关政策部署，不断创新清洁能源利用方式，充分发挥电网连接能源生产和消费的枢纽作用，实现可再生清洁能源资源大范围优化配置。在西电东送消纳方面，依托昆柳龙直流工程投产送电，2020 年消纳西电电量 2057.18 亿 kWh，创历史新高，相当于减少标准煤 6172 万 t，减排二氧化碳 15 386 万 t。在省内可再生能源消纳方面，广东海上风电接入总容量超过 100 万 kW，全年消纳省内风、光、水等清洁能源 1812 亿 kWh。在煤炭消费减量控制方面，2020 年加大珠三角煤炭消费量管控力度，积极配合黄埔电厂、美视电厂等大湾区机组退役工作，有序停运煤电机组 334 台次，电煤消耗减少 514 万 t，同比下降 11.8%。

深圳供电局充分认识到能源转型的重要性、紧迫性，充分发挥能源电力资源配置能力，积极优化深圳电源结构和布局，加大外部清洁低碳电力供应，保障清洁能源安全高效利用。在清洁能源消纳方面，在节能调度系统中将新能源机组设为最高优先级，充分消纳西部清洁水电，2020 年消纳清洁能源发电量 30.33 亿 kWh，同比增长 59%。在煤炭消费减量控制方面，积极配合珠三角煤炭消费减量控制工作，通过安排燃煤机组轮停，燃煤机组运行负荷率由 46.64%提升至 68.69%。全年通过节能调度，节省标煤 15.68 万 t，减排二氧化碳 43.13 万 t，减排二氧化硫 32.3t，通过脱硫装置减排二氧化硫 1600t。

4.1.2 推进电能替代和再电气化

广东电网公司将电能替代作为调整能源结构、助力防治大气污染的重要

抓手，不断强化替代能力，拓展电能替代范围，推动清洁采暖、港口岸电等各领域电能替代工作，制定并印发了 2020 年电能替代行动计划和可量化类电能替代统计认定规则，联合广东省交通厅编制《广东省内河港口岸电设施建设技术规范》，积极申报形成广东省地方标准。配合政府大力推进港口岸电建设，积极参与及推进广东省沿海港口岸电建设，圆满完成国家港口岸电 2020 年建设目标。2020 年，广东电网公司完成可量化电能替代电量 12.3 亿 kWh。

深圳供电局优化电能替代营销策略，大力推广港口岸电、电锅炉、电蓄冷、电磁厨房等项目，助力“深圳蓝”可持续行动。截至 2020 年底，累计推动电能替代项目 460 个，实现替代电量 26.26 亿 kWh，相当于减排二氧化碳 159.5 万 t。其中累计建成 18 套岸电设施，覆盖 38 个大型深水泊位，岸电覆盖率达到 80%，全年岸电接电约 6700h，岸电使用电量 900 万 kWh，相当于减排各类污染物约 250t、二氧化碳 5700t。

4.1.3　提供电动汽车充电服务

广东电网公司 2020 年持续开展充电设施建设，大力发展电动汽车业务，推动电动汽车公司实体化运营，全年建设充电桩 3766 个，累计建成充电桩约 19 000 个，提供充电服务 862.8 万次，同比提升 44.2%，充电电量 2.6 亿 kWh，同比提升 62.5%，经营区域市场占有率 29%，保有量第一。在开展充电设施建设的同时，广东电网公司充分发挥省级充电智能服务平台作用，接入充电设施运营商 397 个，充电桩 8.5 万个，为运营商开具平台接入证明 556 份。此外，广东电网公司积极做好运维工作，开展现场巡视 40 万次，安全隐患排查 2 万次，确保用户出行顺利、充电安全便捷。

深圳供电局统一考虑充电基础设施配套电网建设，确保电网规划、充电基础设施规划、城市规划的同步协调，支持城市公共充电设施建设，为市民出行提供绿色动力。2020 年累计建设运营充电站 533 座、充电桩 10 688 个，全年电动汽车充电量 3232 万 kWh。

4.1.4 推动电力节能降耗

广东电网公司在经营发展中加强线损管理，试点建立线损“日监测、周发布、月报告”业务流程，建立“省地管控、分类处置”的同期线损异常分析处理闭环管控体系，综合线损率逐年下降。2020年线损率为3.98%，同比下降0.4个百分点。深圳供电局创新线损管理思路，推进配电网升级改造，全面推广应用一级、二级能效配电变压器，开展线损异常排查整治行动，提升线损精益化、信息化管理水平，全方位降低运营线损。2020年综合线损率2.27%，同比下降0.35个百分点。

广东电网公司主动担当社会责任，系统梳理用户侧节能需求，为用户提供节能改造解决方案，助力绿色低碳生活生产方式的推广与应用，助力用户节能增效，建成美林高效空调系统、广大空压机综合能效提升等一批节能示范项目。深圳供电局通过系统梳理用户侧节能改造需求，提供节能减排设计、改造、运维、诊断建议等多种形式的节能服务，帮助用户节能诊断150次，帮助用户节能4.24万t标煤，同比增长1.92%。

4.1.5 建设绿色电网

广东电网公司将绿色电网建设措施融入电网建设标准，着力打造影响环境最小、土地利用最优、能源消耗最少、综合效益最佳的绿色电网工程。2020年电网建设项目环评通过率100%，实现新建项目达绿色一级及以上标准，不断提升绿色发展能力。其中，广东电网500kV岐山输变电工程通过采取保护原生态、减少挖填数量、避免扰动破坏、减轻破坏程度、增加生态修复投入等方面措施，建设绿色生态输变电工程，工程扰动土地整治率达99.5%，水土流失总治理度达99.2%，施工期拦渣率达99.5%，林草植被恢复率达99.1%，各项指标均达到或超过了水土保持方案设定的目标值。2020年3月，该工程被水利部评为国家水土保持生态文明工程。

深圳供电局坚持减低电网规划、建设、运营等全过程中的能源损耗和对

环境的不利影响，推动电力产业绿色发展变革，编制了《“十四五”能源节约与生态环境保护规划》，创新性提出变电站与城市开发项目联合建设“合建式变电站”新模式，促使变电站和周围环境的和谐相融，实现在城市密集区建设合建式变电站的绿色发展目标。

4.1.6　践行低碳运营

广东电网公司强化环保采购力度，优先采购绿色节能设备推广电子化办公、线上会议等工作模式，全年万元产值办公能耗 0.002 52t 标准煤/万元。深圳供电局倡导员工自身工作岗位节水、节能、绿色出行，用实际行动支持绿色低碳发展，将绿色理念植入每一位员工心中。2020 年租赁电动汽车 233 辆，解决员工绿色出行问题。

4.2　供电可靠性

4.2.1　珠三角城市供电可靠性

珠海、深圳、广州、中山和佛山供电可靠性位居全国前十位[1]。2020 年，全口径范围内，在以中压用户平均停电时间最短为衡量标准的供电可靠性的地级行政区排名中，珠海、深圳、广州、中山和佛山位居全国前十位，全口径用户平均停电时间低于 1h/户。深圳、中山、广州、东莞、佛山、珠海、江门等七个城市的用户平均停电频率低于 1 次/户。全口径范围 2020 年珠三角城市供电可靠性指标如表 4-1 所示。

表 4-1　　　　2020 年珠三角主要城市供电可靠性指标

大湾区城市	中压用户平均停电时间（h/户）	系统平均停电频率（次/户）
广州	0.69	0.38

[1] 这里供电可靠性采用平均停电时间和平均停电频率衡量，指标值越小，表示供电可靠性越高。

续表

大湾区城市	中压用户平均停电时间（h/户）	系统平均停电频率（次/户）
深圳	0.46	0.23
珠海	0.39	0.48
佛山	0.87	0.39
惠州	5.42	1.08
东莞	1.08	0.38
中山	0.55	0.29
江门	2.96	0.71
肇庆	4.86	1.12

珠三角城市供电可靠性水平提升明显。相比2019年，2020年东莞、广州、深圳、佛山、珠海、江门等城市的中压用户平均停电时间大幅下降，其中东莞降幅达到57.81%。此外，珠三角九个城市的系统平均停电频率均大幅下降，其中肇庆的降幅最为明显，达到51.72%。珠三角九市供电可靠性指标变化情况如表4-2所示。

表4-2　　珠三角主要城市供电可靠性指标同比变化情况

大湾区城市	中压用户平均停电时间下降幅度（%）	系统平均停电频率下降幅度（%）
广州	56.05	28.3
深圳	45.88	28.13
珠海	29.09	26.15
佛山	34.59	20.4
惠州	3.04	31.65
东莞	57.81	47.2
中山	9.84	17.14
江门	25.06	29.7
肇庆	7.43	51.72

4.2.2　香港城市供电可靠性

香港城市供电可靠率稳居世界一流水平。根据《中电控股2020年报》，

2020 年中电供电可靠率为 99.999%，与 2019 年持平。根据《香港电灯公司 2020 年报》，港灯供电可靠率超过 99.999 9%（2019 年为 99.999%），用户平均非计划停电时间首次少于 0.5min，且连续 12 年少于 1min，稳居世界一流水平。

4.2.3　澳门城市供电可靠性

澳门城市供电可靠率处于世界先进水平。根据《2020 澳电年报》，2020 年供电可靠性指标较 2019 年有所提升，澳电平均服务可用指数（ASAI）（供电可靠率）为 99.999 9%（2019 年为 99.999 7%），系统平均停电时间（SAIDI）为 0.5min，系统平均停电频率（SAIFI）为 0.07 次，用户平均停电持续时间（CAIDI）为 6.73min，均处于世界先进供电服务水平。

参　考　文　献

[1] 广州市统计局. 广州市统计年鉴：2000—2020 [EB/OL]. http://tjj. gz. gov. cn/.

[2] 深圳市统计局. 深圳市统计年鉴：2000—2020 [EB/OL]. http://tjj. sz. gov. cn/.

[3] 佛山市统计局. 佛山市统计年鉴：2000—2020 [EB/OL]. http://www. foshan. gov. cn/fstjj/gkmlpt/index/.

[4] 东莞市统计局. 东莞市统计年鉴：2000—2020 [EB/OL]. http://tjj. dg. gov. cn/.

[5] 珠海市统计局. 珠海市统计年鉴：2000—2020 [EB/OL]. http://tjj. zhuhai. gov. cn/.

[6] 中山市统计局. 中山市统计年鉴：2000—2020 [EB/OL]. http://stats. zs. gov. cn/.

[7] 惠州市统计局. 惠州市统计年鉴：2000—2020 [EB/OL]. http://www. huizhou. gov. cn/bmpd/hzstjj/.

[8] 江门市统计局. 江门市统计年鉴：2000—2020 [EB/OL]. http://www. jiangmen. gov. cn/bmpd/jmstjj/.

[9] 肇庆市统计局. 肇庆市统计年鉴：2000—2020 [EB/OL]. http://www. zhaoqing. gov. cn/xxgk/tjxx/tjnj/.

[10] 香港特别行政区政府统计处. 香港统计年刊：2000—2020 [EB/OL]. https://www. censtatd. gov. hk.

[11] 澳门特别行政区统计暨普查局. 澳门资料：2000—2020 [EB/OL]. https://www. dses. gov. mo.

[12] 广州市统计局. 2020年广州市国民经济和社会发展统计公报 [EB/OL]. http://tjj. gz. gov. cn/.

[13] 深圳市统计局. 2020年深圳市国民经济和社会发展统计公报 [EB/OL]. http://tjj. sz. gov. cn/.

[14] 佛山市统计局. 2020年佛山市国民经济和社会发展统计公报 [EB/OL]. http://www. foshan. gov. cn/fstjj/gkmlpt/index/.

[15] 东莞市统计局. 2020年东莞市国民经济和社会发展统计公报 [EB/OL].

http：// tjj. dg. gov. cn/.

[16] 珠海市统计局. 2020年珠海市国民经济和社会发展统计公报 [EB/OL]. http：// tjj. zhuhai. gov. cn/.

[17] 中山市统计局. 2020年中山市国民经济和社会发展统计公报 [EB/OL]. http：//stats. zs. gov. cn/.

[18] 惠州市统计局. 2020年惠州市国民经济和社会发展统计公报 [EB/OL]. http：//www. huizhou. gov. cn/bmpd/hzstjj/.

[19] 江门市统计局. 2020年江门市国民经济和社会发展统计公报 [EB/OL]. http：//www. jiangmen. gov. cn/bmpd/jmstjj/.

[20] 肇庆市统计局. 2020年肇庆市国民经济和社会发展统计公报 [EB/OL]. http：//www. zhaoqing. gov. cn/xxgk/tjxx/tjnj/.

[21] 南方电网粤港澳大湾区电力/能源规划工作组. 粤港澳大湾区中长期电力发展规划研究 [R]. 2020.

[22] World Bank. Doing Business 2020 [EB/OL]. https：//www. wordbank. org/.

[23] 广东电力交易中心. 广东电力市场2020年年度报告 [EB/OL]. 微信公众号：广州电力交易中心.

[24] 广州电力交易中心. 2020年度南方区域跨区跨省电力市场运营报告 [EB/OL]. 微信公众号：广州电力交易中心.

[25] 澳门电力股份有限公司. 2020CEM可持续发展报告 [EB/OL]. https：//www. cem - macau. com.

[26] 澳门电力股份有限公司. 2020澳电摘要 [EB/OL]. https：//www. cem - macau. com.

[27] 香港电灯股份有限公司. 港灯企业资讯2020 [EB/OL]. https：//www. hkelectric. com.

[28] 香港电灯股份有限公司. 港灯2020年可持续报告 [EB/OL]. https：//www. hk electric. com.

[29] 香港中电集团. 中电2020可持续发展回顾. [EB/OL]. https：//www. clp-group. com.

[30] 香港中电集团. 中电2020年报. [EB/OL]. https：//www. clpgroup. com.

[31] 南方电网公司．2020年优化电力营商环境工作措施［EB/OL］．https://www.csg.cn.

[32] 南方电网公司．2020企业社会责任报告［EB/OL］．https://www.csg.cn.

[33] 广东电网公司．2020社会责任实践［EB/OL］．https://www.gd.csg.cn.

[34] 广州供电局．2020社会责任实践报告［EB/OL］．https://www.guangzhou.csg.cn.

[35] 国家能源局，中国电力企业联合会．2020年全国电力可靠性年度报告［EB/OL］．https://www.cec.org.cn.